Hi! KOREAN

Workbook

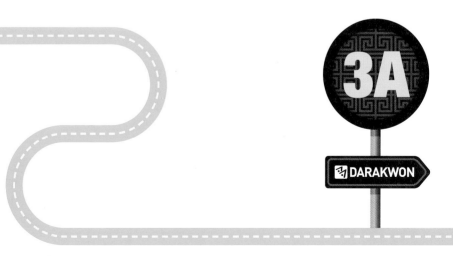

3A

DARAKWON

일러두기

〈Hi! Korean Workbook 3〉은 〈Hi! Korean Student's Book 3〉과 함께 수업 시간에 활용할 수 있는 교재로, '1단원~12단원'이 '문법 연습', '어휘와 표현', '듣기 1, 2', '읽기 1, 2', '실전 쓰기'로 이루어져 있다. Student's Book에서 학습한 내용을 '대화 완성하기', '짧은 글짓기', '선택형 문항', '작문' 등 다양한 형태로 연습할 수 있도록 하였다.

문법 연습

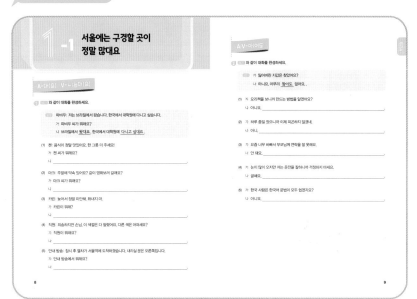

목표 문법을 사용해 대화를 완성하는 연습을 하고 〈보기〉를 참고해 글을 완성하는 연습을 한다.

어휘와 표현

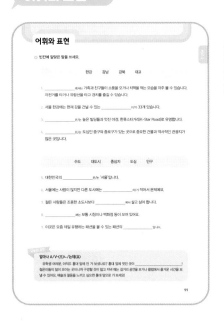

학습한 어휘와 표현을 맥락 속에서 사용하는 연습을 한다.

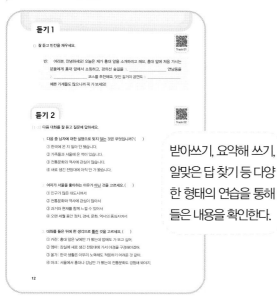

받아쓰기, 요약해 쓰기, 알맞은 답 찾기 등 다양한 형태의 연습을 통해 들은 내용을 확인한다.

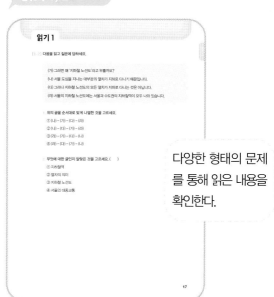

다양한 형태의 문제를 통해 읽은 내용을 확인한다.

단원에서 학습한 문법 및 표현을 사용해 주제에 맞게 300자 이내의 글을 완성하는 연습을 한다.

부록 　　정답: 소단원 1, 2의 '문법 연습', '어휘와 표현', '듣기 1, 2', '읽기 1, 2'에 대한 모범 답안을 제공한다.

목차

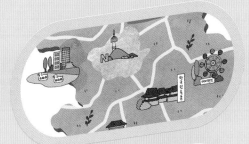

CHAPTER

01

소개

서울에는 구경할 곳이 정말 많대요

A-대(요) V-ㄴ/는대(요)

1 보기 와 같이 대화를 완성하세요.

> 보기 파비우: 저는 브라질에서 왔습니다. 한국에서 대학원에 다니고 싶습니다.
>
> 가 파비우 씨가 뭐래요?
>
> 나 브라질에서 <u>왔대요</u>. 한국에서 대학원에 <u>다니고 싶대요</u>.

(1) 첸: 음식이 정말 맛있어요. 한 그릇 더 주세요!

　　가 첸 씨가 뭐래요?

　　나 _____ .

(2) 마크: 주말에 약속 있어요? 같이 영화보러 갈래요?

　　가 마크 씨가 뭐래요?

　　나 _____ .

(3) 카린: 늦어서 정말 미안해. 화내지 마.

　　가 카린이 뭐래?

　　나 _____ .

(4) 직원: 죄송하지만 손님, 이 색깔은 다 팔렸어요. 다른 색은 어떠세요?

　　가 직원이 뭐래요?

　　나 _____ .

(5) 안내 방송: 잠시 후 열차가 서울역에 도착하겠습니다. 내리실 문은 오른쪽입니다.

　　가 안내 방송에서 뭐래요?

　　나 _____ .

A/V-아/어도

2 보기 와 같이 대화를 완성하세요.

> 보기   가 잃어버린 지갑은 찾았어요?
>
>   나 아니요, 아무리 <u>찾아도</u> 없어요. .

(1)   가 요리책을 보니까 만드는 방법을 알겠어요?

    나 아니요, _____.

(2)   가 하루 종일 잤으니까 이제 피곤하지 않겠네.

    나 아니, _____.

(3)   가 요즘 너무 바빠서 부모님께 연락을 잘 못해요.

    나 안 돼요, _____.

(4)   가 눈이 많이 오지만 저는 운전을 잘하니까 걱정하지 마세요.

    나 글쎄요, _____.

(5)   가 한국 사람은 한국어 문법이 모두 쉽겠지요?

    나 아니요, _____.

◉ 보기 와 같이 배운 문법을 사용해서 글을 완성해 보세요.

① 다음 안내문을 보고 보기 와 같이 친구에게 메시지를 써 보세요.

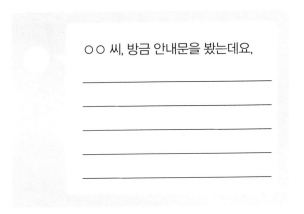

> **<도서관이 쉽니다>**
>
> 다음 주부터 2주 동안
> 도서관 공사 때문에
> 도서관이 문을 닫습니다.
> 공사 중이어도 학습실은 이용 가능.
>
> 문의는 전화 000-0000.

보기

> 빈 씨, 방금 안내문을 봤는데요,
> 도서관 공사 때문에 다음 주부터
> 2주 동안 도서관이 문을 닫는대요.
> 공사 중이어도 학습실은 이용할 수
> 있대요.
> 문의는 전화로 하래요.

> **<공연 일정이 바뀌었습니다>**
>
> 배우의 건강 문제 때문에
> 공연 날짜가 바뀌었습니다.
> 그날 비가 와도 공연이 진행됨.
> 공연 중 사진 촬영 안 됨.
>
> 환불 문의는 이메일 abc@de.com

> ○○ 씨, 방금 안내문을 봤는데요,
>
> _____
> _____
> _____
> _____
> _____

② 다음은 파비우 씨가 어머니에게 보낸 이메일입니다. 이메일을 읽고 답장을 써 보세요.

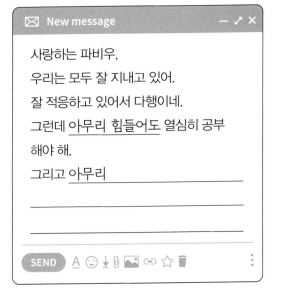

> ✉ New message   − ↗ ✕
>
> 보고 싶은 어머니, 잘 지내세요?
> 저는 한국에 잘 도착했어요.
> 친구들이 많이 도와줘서 잘 적응하고 있어요.
> 그런데 한국어 공부가 너무 힘들어요.
> 대학원 준비 때문에 너무 바빠서 밥도 잘
> 못 먹어요. 가족이 그리워서 돌아가고 싶을
> 때도 있어요.
> 어머니, 정말 보고 싶어요.
>
> SEND   A ☺ ↓ 📎 🖼 ⌐ ☆ 🗑

> ✉ New message   − ↗ ✕
>
> 사랑하는 파비우,
> 우리는 모두 잘 지내고 있어.
> 잘 적응하고 있어서 다행이네.
> 그런데 아무리 힘들어도 열심히 공부
> 해야 해.
> 그리고 아무리 _____
> _____
> _____
>
> SEND   A ☺ ↓ 📎 🖼 ⌐ ☆ 🗑

어휘와 표현

○ 빈칸에 알맞은 말을 쓰세요.

한강   강남   강북   대교

1. _____에서는 가족과 친구들이 소풍을 오거나 치맥을 먹는 모습을 자주 볼 수 있습니다. 자전거를 타거나 유람선을 타고 경치를 즐길 수 있습니다.

2. 서울 한강에는 현재 강을 건널 수 있는 _____이/가 33개 있습니다.

3. _____은/는 높은 빌딩들과 멋진 야경, 한류스타거리(K-Star Road)로 유명합니다.

4. _____은/는 도심인 중구와 종로구가 있는 곳으로 중요한 건물과 역사적인 관광지가 많은 곳입니다.

수도   대도시   중심지   도심   인구

5. 대한민국의 _____은/는 '서울'입니다.

6. 서울에는 사람이 많지만 다른 도시에는 _____이/가 적어서 문제예요.

7. 젊은 사람들은 조용한 소도시보다 _____에서 살고 싶어 합니다.

8. _____에는 보통 시청이나 백화점 등이 모여 있어요.

9. 이곳은 요즘 제일 유행하는 패션을 볼 수 있는 패션의 _____입니다.

오늘의 표현

얼마나 A/V-(으)ㄴ/는데(요)

유학생 여러분, 아직도 홍대 앞에 안 가 보셨나요? 홍대 앞에 멋진 곳이 _____! 젊은이들이 많이 모이는 곳이니까 구경할 것이 많고 저녁 때는 길거리 공연을 보거나 클럽에서 즐거운 시간을 보낼 수 있어요. 예술과 젊음을 느끼고 싶으면 홍대 앞으로 가 보세요!

듣기 1

Track 01

◎ 잘 듣고 빈칸을 채우세요.

빈: 여러분, 안녕하세요! 오늘은 제가 홍대 앞을 소개하려고 해요. 홍대 앞에 처음 가시는 분들에게 홍대 앞에서 쇼핑하고, 경의선 숲길을 1. _____ 연남동을 2. _____ 코스를 추천해요. 멋진 길거리 공연도 3. _____ 예쁜 가게들도 많으니까 꼭 가 보세요!

듣기 2

Track 02

[1-3] 다음 대화를 잘 듣고 질문에 답하세요.

1. 다음 중 남자에 대한 설명으로 맞지 <u>않는</u> 것은 무엇입니까? (　　)

   ① 한국에 온 지 얼마 안 됐습니다.

   ② 가족들과 서울에 온 적이 있습니다.

   ③ 전통문화와 역사에 관심이 많습니다.

   ④ 새로 생긴 전망대에 아직 안 가 봤습니다.

2. 여자가 서울을 좋아하는 이유가 <u>아닌</u> 것을 고르세요. (　　)

   ① 인구가 많은 대도시여서

   ② 전통문화와 역사에 관심이 많아서

   ③ 과거와 현재를 함께 느낄 수 있어서

   ④ 오랜 세월 동안 정치, 경제, 문화, 역사의 중심지여서

3. 대화를 들은 뒤에 한 생각으로 <u>틀린</u> 것을 고르세요. (　　)

   ① 카린: 홍대 앞은 낮에만 가 봤는데 밤에도 가 보고 싶어.

   ② 엠마: 잠실에 새로 생긴 전망대에 가서 야경을 구경해야겠어.

   ③ 올가: 한국 생활은 아무리 노력해도 적응하기 어려운 것 같아.

   ④ 마크: 서울에서 홍대나 강남만 가 봤는데 전통문화도 경험해 봐야겠어.

1-2 사람이 많은 걸 보니까 유명한가 봐요

A-(으)ㄴ 걸 보니(까)   A-(으)ㄴ가 보다 V-나 보다
V-는 걸 보니(까)   A-(으)ㄴ가 보다 V-나 보다

1 보기 와 같이 대화를 완성하세요.

> 보기 가 저 식당은 기다리는 사람이 많네요.
>
> 나 기다리는 사람이 <u>많은 걸 보니까 맛있나 봐요</u> .

(1) 가 마크 씨가 차가 두 대래요.

    나 마크 씨가 차가 두 대인 걸 보니까 _____

(2) 가 카린 씨가 장학금을 받았대요.

    나 카린 씨가 장학금을 받은 걸 보니까 _____

(3) 가 첸 씨가 홍대 근처를 잘 알아요.

    나 _____

    저도 제가 사는 집 근처는 아주 잘 알거든요.

(4) 가 어! 저기에 사람들이 많이 모여 있네요.

    나 _____

    119에 신고해야 하는 거 아니에요?

(5) 가 엠마 씨에게 아무리 전화를 해도 받지 않아요.

    나 _____

    저도 잠을 잘 때에는 전화가 와도 못 듣거든요.

A-(으)ㄴ 대신(에)   V-는 대신(에)   N 대신(에)

2 보기 와 같이 대화를 완성하세요.

> 보기 가 어제 놀이공원에 잘 다녀왔어요?
>
>   나 아니요, 어제 비가 와서 놀이공원에 <u>가는 대신에</u> 집에서 쉬었어요.

(1) 가 이 가방이 마음에 드는데 너무 비싸서 고민이에요.

     나 _____ 오래 쓸 수 있을 것 같은데요.

(2) 가 전화를 걸면 긴장이 돼서 말을 잘 못하겠어요.

     나 긴장이 되면 _____ 메시지를 보내면 되지요.

(3) 가 김치찌개를 만들 때 꼭 고기를 넣어야 해요? 저는 고기를 못 먹는데요.

     나 _____ 다른 재료를 넣어도 돼요.

(4) 가 오늘 늦게까지 일한 거야?

     나 응, 그런데 _____ 내일은 쉴 수 있어.

(5) 가 카메라가 고장 났는데 어떡하죠?

     나 요즘은 휴대폰 카메라도 좋으니까 _____

○ 보기 와 같이 배운 문법을 사용해서 글을 완성해 보세요.

1 상황을 보고 추측을 해 본 적이 있습니까? 보기 와 같이 글을 써 보세요.

오늘은 주말이어서 친구들과 한강에 왔어요. 한강에 도착했는데 사람들이 모두 치킨을 먹고 있었어요. 사람들이 치킨을 <u>먹는 걸 보니까</u> 한강에도 배달이 <u>되나 봐요</u>. 사람들의 표정이 <u>밝은 걸 보니까</u> 기분이 <u>좋은가 봐요</u>.

교실에 도착했는데 _____

_____

_____

_____

_____

_____

2 어렸을 때 부모님을 도와드리거나 약속한 일이 있습니까? 보기 와 같이 글을 써 보세요.

보기   어렸을 때 부모님이 모두 일을 하셨습니다. 그래서 부모님이 일을 하러 가시면 <u>부모님 대신에</u> 제가 동생을 봐야 했습니다. 그리고 집안일을 <u>돕는 대신에</u> 용돈을 주셨습니다.

어렸을 때 _____

_____

_____

_____

어휘와 표현

● 빈칸에 알맞은 말을 쓰세요.

| 볼거리 | 먹을거리 | 즐길 거리 | 수도권 | 당일치기 |

1. 광장시장에는 김밥, 파전 등 _____이/가 다양합니다.

2. 서울과 _____의 도시들은 지하철로 쉽게 오고 갈 수 있습니다.

3. 이 영화는 배우의 액션부터 노래하고 춤을 추는 장면까지 _____이/가 많아서 인기가 많습니다.

4. 오랫동안 여행을 하고 싶었지만 너무 바빠서 토요일 하루만 _____(으)로 여행을 가기로 했습니다.

5. 홍대 근처에는 길거리 공연, 쇼핑 센터, 영화관, 맛집 등 _____이/가 많아서 즐거운 시간을 보낼 수 있습니다.

| 들다 | 완벽하다 | 알려지다 | 이동하다 | 떨어지다 |

6. 인천은 공항이 있어 외국인에게도 잘 _____–아/어 있습니다.

7. 서울은 버스와 지하철 등 대중교통이 잘 되어 있어 _____–기(에) 편리합니다.

8. 저는 여행을 가기 전에 숙소도 예약하고 계획도 _____–게 세우는 편입니다.

9. 가을에 단풍이 _____–(으)면 아름다운 경치를 구경하려고 등산을 하는 사람들이 많습니다.

10. 이번에 이사한 집은 학교에서 2km 정도 _____–아/어 있어서 걸어서 30분이면 갈 수 있습니다.

오늘의 표현

A-(으)ㄴ 데   V-는 데

저는 스트레스를 받으면 여행을 갑니다. 여행이 스트레스를 (1) _____에 도움이 되기 때문입니다. 스트레스를 풀고 싶지만 시간이 별로 없을 때에는 인천에 자주 갑니다. 지하철 1호선만 타면 갈 수 있어서 가기 어렵지 않고 바다가 있어서 사진을 (2) _____도 많기 때문입니다.

읽기 1

[1-2] 다음을 읽고 질문에 답하세요.

(가) 그러면 왜 '지하철 노선도'라고 부를까요?

(나) 서울 도심을 지나는 대부분의 열차가 지하로 다니기 때문입니다.

(다) 그러나 지하철 노선도의 모든 열차가 지하로 다니는 것은 아닙니다.

(라) 서울의 지하철 노선도에는 서울과 수도권의 지하철역이 모두 나와 있습니다.

1. 위의 글을 순서대로 맞게 나열한 것을 고르세요. (   )

   ① (나) – (가) – (다) – (라)

   ② (나) – (다) – (가) – (라)

   ③ (라) – (가) – (다) – (나)

   ④ (라) – (다) – (가) – (나)

2. 무엇에 대한 글인지 알맞은 것을 고르세요. (   )

   ① 지하철역

   ② 열차의 의미

   ③ 지하철 노선도

   ④ 서울의 대중교통

읽기 2

[1-2] 다음을 읽고 질문에 답하세요.

> 서울에서 지하철을 타면 서울 주변의 도시들까지 갈 수 있습니다. 그래서 지하철을 이용하면 당일치기로 싸게 여행을 다녀올 수 있습니다. 서울 주변의 유명한 관광지에는 춘천의 남이섬과 수원의 화성, 파주의 DMZ가 있습니다. 춘천의 남이섬은 단풍이 유명한데 이곳까지 가려면 지하철에서 내린 후 배를 타야 합니다. 수원의 화성은 한국의 역사를 좋아하는 사람이 가면 좋습니다. 3시간 정도 걸으면서 성곽을 구경할 수 있습니다. 파주의 DMZ는 전쟁의 아픔을 느낄 수 있는 곳입니다. 북한과 가장 가까운 역인 도라산역에 가려면 신분증을 꼭 가지고 가야 합니다. 이번 주말에는 이렇게 자연과 역사를 모두 즐길 수 있는 서울 주변의 여행지로 여행을 가 보면 어떨까요?

1. 서울 주변의 관광지를 여행할 때의 장점이 <u>아닌</u> 것은 무엇입니까? (   )
   ① 이동이 편리합니다.
   ② 호텔을 예약하기 쉽습니다.
   ③ 역사나 자연을 즐길 수 있습니다.
   ④ 교통비가 많이 필요하지 않습니다.

2. 가장 여행을 잘 다녀왔을 것 같은 사람은 누구입니까? (   )
   ① 신분증을 잃어버린 빈 – 파주 DMZ 여행
   ② 배를 타지 못하는 첸 – 춘천 남이섬 여행
   ③ 역사에 전혀 관심이 없는 마크 – 수원 화성 여행
   ④ 단풍 사진 찍는 것을 좋아하는 엠마 – 춘천 남이섬 여행

1-3 한 단계 오르기

실전 쓰기

◉ 교재의 '원고지 사용법'을 확인하고 다음을 '원고지'에 써 보세요.

> 저는 브라질 사람이고, 이름은 파비우예요. 3년 전에 K-POP에 관심이 생겨서 혼자 한국어를 공부하기 시작했어요. 한국에서 지내면서 한국 문화도 배우고 싶어서 지난달 10일에 한국에 왔어. 1년 동안 맛있는 음식도 많이 먹고 유명한 데에도 많이 가고 싶어요.
>
> 월요일에 새로 만난 반 친구들한테 학교 근처의 '맛집'이랑 당일치기로 여행하기 좋은 데를 물어봤는데 모두 친절하게 이야기해 줬어요. 매주 주말마다 친구들이 이야기해 준 식당이랑 관광지에 가 봐야겠어요. 이렇게 하면 좀 피곤하겠지만 한국 생활을 잘 즐길 수 있을 것 같아요. 이번 학기가 정말 기대돼요.

										20
										40
										60
										80
										100
										120
										140
										160
										180
										200
										220
										240
										260
										280
										300

music

CHAPTER

02

유학 생활

2-1 지금처럼 계속 노력한다면 좋은 결과가 있을 거예요

A-다면 V-ㄴ/는다면 N(이)라면

1 보기 와 같이 대화를 완성하세요.

> 보기
> 가 한국어를 잘하고 싶은데 어떻게 해야 할까요?
> 나 한국어를 잘하고 <u>싶다면</u> 복습을 해 보세요.

(1) 가 해 보고 싶은 것이 많은데 용돈이 부족해요.

　　나 ＿＿＿＿＿＿＿＿＿＿＿＿＿＿＿＿＿＿ 아르바이트를 해 보세요.

(2) 가 K-POP 댄스를 배워 보고 싶은데 어디에서 배워야 할지 모르겠어요.

　　나 ＿＿＿＿＿＿＿＿＿＿＿＿＿＿＿＿＿＿ 댄스 동아리에 가입하는 건 어때요?

(3) 가 콘서트 표가 너무 비싼데 너는 어떻게 할 것 같아?

　　나 ＿＿＿＿＿＿＿＿＿＿＿＿＿＿＿＿＿＿ 비싸도 갈 것 같아.

(4) 가 요즘 건강이 안 좋아져서 걱정이에요.

　　나 ＿＿＿＿＿＿＿＿＿＿＿＿＿＿＿＿＿＿ 운동을 해 보세요.

(5) 가 UFO가 있을까요?

　　나 글쎄요, ＿＿＿＿＿＿＿＿＿＿＿＿＿＿＿＿＿＿

V-기 위해(서) N을/를 위해(서)

2 보기 와 같이 대화를 완성하세요.

> 보기 가 운동을 매일 해요?
>
> 나 네, 건강을 <u>유지하기 위해서</u> 매일 하고 있어요.

(1) 가 날마다 1시간씩 단어를 외워요?

나 네, _____ 매일 1시간씩 단어를 외워요.

(2) 가 술은 안 드시지요?

나 네, _____ 술을 안 마셔요.

(3) 가 왜 한국어를 배워요?

나 _____ 한국어를 배워요.

(4) 가 고향에 가나 봐요?

나 네, _____. 친구가 결혼을 하거든요.

(5) 가 요즘 쉬는 날도 없이 아르바이트를 하네요.

나 네, _____

● 보기 와 같이 배운 문법을 사용해서 글을 완성해 보세요.

1 지금과 다른 상황을 생각해 보고 보기 와 같이 써 보세요.

> 보기
>
> 만약에 내가 돈이 많다면 비싼 자동차를 사고 싶다. 그리고 한국어를 한국 사람처럼 잘한다면 한국어 공부를 그만두고 한국의 여기저기를 놀러 다니고 싶다.

만약에 내가 _____

_____

_____

2 여러분의 꿈은 무엇입니까? 그 꿈을 이루기 위해 무엇을 하고 있습니까? 보기 와 같이 써 보세요.

> 보기
>
> 나는 어릴 때부터 웹툰을 그리고 싶었다. 그림을 그리는 것도 재미있었고 이런저런 이야기를 만드는 것도 재미있었기 때문이다. 내 꿈을 위해서 컴퓨터도 배우고 그림 연습도 열심히 하고 있다. 그리고 좋은 이야기를 만들기 위해 책도 많이 읽고 글도 쓰고 있다.

_____

_____

_____

_____

어휘와 표현

◯ 빈칸에 알맞은 말을 쓰세요.

| 실기 시험 | 관심 분야 | 시험 문제를 풀다 | 시험을 접수하다 |
| 시험 일정 | 전문가 | 시험을 보다 | 자격증을 따다 |

1. 아이가 요즘 말을 너무 안 들어서 교육 ＿＿＿＿＿＿＿＿＿에게 상담을 받아 보려고 한다.

2. 미래를 위해서 ＿＿＿＿＿＿＿＿＿－는 사람이 많다.

3. 토픽 시험을 준비하는 친구들이 많아서 나도 시험을 보려고 토픽 홈페이지에 들어갔다.
＿＿＿＿＿＿＿＿＿－(으)려고 했는데 사진이 필요해서 내일 사진을 찍으러 가려고 한다.

4. ＿＿＿＿＿＿＿＿＿은/는 선생님이 하는 것을 보고 따라하면서 연습하면 될 것 같아서 별로 걱정이 안 된다.

5. ＿＿＿＿＿＿＿＿＿을/를 확인했는데 이번 달 시험은 접수가 끝나서 시험을 보려면 다음 달에 봐야 할 것 같다.

6. 영어를 쓸 일이 별로 없어서 많이 잊어버렸다. 다시 공부를 시작하기 전에 지금 실력을 확인해 보는 게 좋을 것 같아서 ＿＿＿＿＿＿＿＿＿－(으)ㄹ 생각이다.

7. 미래에 무슨 일을 하고 싶은지 모르겠으면 지금 자신의 ＿＿＿＿＿＿＿＿＿이/가 무엇인지 먼저 생각해 보는 게 어떨까요?

8. 예전에 나온 문제를 공부하면 도움이 되니까 꼭 지난번 ＿＿＿＿＿＿＿＿＿－아/어 보세요.

어떻게 V-아/어야 할지 모르겠다

나는 유학을 하는 동안 공부도 열심히 하고 외국에서 다양한 경험도 하겠다고 결심했다. 공부는 복습만 열심히 하면 된다고 생각했는데 복습을 해도 배운 것을 잘 사용하는 것은 쉽지 않았다. 배운 것을 잘 쓰고 싶은데 (1) ＿＿＿＿＿＿＿＿＿. 친구를 많이 사귀어야 한국어를 잘할 수 있다고 하는데 (2) ＿＿＿＿＿＿＿＿＿.

25

듣기 1

Track 03

● 잘 듣고 빈칸을 채우세요.

토픽 시험을 보려고 하는데 1. _____? 토픽 시험은 토픽 홈페이지에 접수 방법이 잘 설명되어 있으니 그것을 보고 접수하면 됩니다. 그런데 2. _____ 선택하는 일은 쉽지 않습니다. 시험을 보는 외국인 유학생들이 많아서 3. _____ 신청하기 어렵기 때문입니다. 따라서 시험을 보기로 결심했다면 4. _____ 확인하고 빨리 5. _____ 것이 좋습니다.

듣기 2

Track 04

[1-3] 다음 대화를 잘 듣고 질문에 답하세요.

1. 남자가 유학을 와서 할 수 있는 것이 많아졌다고 말한 이유는 무엇입니까? (   )

① 전문가가 되어서

② 관심 분야가 생겨서

③ 한국 생활을 오래 해서

④ 스스로 하는 것이 많아져서

2. 들은 내용과 같은 것을 고르세요. (   )

① 여자는 요즘 한국 생활에 대한 영상을 주로 본다.

② 남자는 한국어 실력이 좋아서 한국에서 운전면허를 땄다.

③ 여자는 처음에 외국인이 딸 수 있는 자격증이 없을 거라고 생각했다.

④ 남자는 한국어 공부를 끝내고 자격증 공부를 하는 것이 좋다고 생각한다.

3. 대화를 듣고 잘 이해한 사람은 누구입니까? (   )

① 빈: 한국 자격증 시험을 공부하면 장점이 많겠어.

② 엠마: 외국인이 볼 수 있는 시험 중에서 토픽 시험이 제일 중요해.

③ 올가: 자격증 공부는 한국어 공부를 끝내고 하는 게 제일 좋을 것 같아.

④ 파티마: 외국인이 운전면허를 딸 수 있다고 하는데 어떻게 해야 하는지 모르겠어.

2-2 야구 경기를 관람했는데 정말 재미있더라고요

A/V-더라고(요)

1 보기 와 같이 대화를 완성하세요.

> 보기
> 가 한강에 갔다 왔어요?
> 나 네, 자전거를 타고 갔는데 집에서 <u>가깝더라고요</u>.

(1) 가 왜 걸어서 왔어요? 버스도 있잖아요.

　　나 지난번에 버스를 탔는데 _____

(2) 가 첸 씨는 저보다 조금 먹는 것 같아요.

　　나 저녁만 그래요. 저녁을 많이 먹으면 _____

(3) 가 학교 박물관에서 하는 전시회를 보고 싶었는데 못 봐서 너무 아쉬워요.

　　나 네, 저도 그래요. 어제 갔는데 _____

(4) 가 어제가 엠마 씨 생일이었대요.

　　나 맞아요. 저는 오늘이라고 생각했는데 _____

(5) 가 첸 씨한테 연락 왔어요?

　　나 네, 아파도 오려고 했는데 _____

A/V-(으)ㄹ 수밖에 없다

2 보기 와 같이 대화를 완성하세요.

> 보기 가 저 식당은 항상 손님이 많은 것 같아요.
>
> 나 음식이 맛있으니까 손님이 <u>많을 수밖에 없죠</u>.

(1) 가 할 일이 이렇게 많은데 생일 파티에 간다고?

    나 친구가 꼭 와 달라고 부탁해서 _____

(2) 가 우리 먼저 들어가면 안 돼요? 공연이 벌써 시작됐잖아요.

    나 엠마 씨가 표를 가지고 있어서 _____

(3) 가 아침은 안 먹고 싶은데요.

    나 야식을 그렇게 많이 먹었으니 _____

(4) 가 엠마 씨는 한국 요리도 잘하더라고요.

    나 요리사니까 _____

(5) 가 이렇게 비싼데 사려고요?

    나 그래도 _____. 너무 갖고 싶거든요.

○ 보기 와 같이 배운 문법을 사용해서 글을 완성해 보세요.

1 한국의 유명 관광지에 가 본 적이 있습니까? 보기 와 같이 글을 써 보세요.

> 보기
>
> 지난 방학에 같은 반 친구들과 같이 부산에 가 봤어요. KTX를 타니까 2시간밖에 안 걸리더라고요. 부산에 도착해서 제일 먼저 해운대에 갔어요. 해운대는 부산에서 가장 유명한 바닷가라고 들었는데 정말 사람이 많더라고요. 해운대에서 조금 놀다가 호텔에 갔어요. 바다 앞에 있는 호텔이었는데 방에서 바다가 보이더라고요.

_____

_____

_____

_____

2 원하지 않았지만 그렇게 해야 할 때가 있었습니까? 보기 와 같이 글을 써 보세요.

보기

부산에 여행을 갈 때 KTX를 타고 싶었지만 주말이라서 표가 다 팔렸더라고요. 그래서 버스를 탈 수밖에 없었어요. 숙소는 조금 싼 데로 예약하려고 했는데 친구가 바다가 보이는 방을 원해서 비싼 호텔을 예약할 수밖에 없었어요. 모두 내 계획처럼 되지 않아서 마음이 아팠지만 여행 계획은 바뀔 수밖에 없는 것 같아요.

오늘은 특별한 날이어서 친구와 좋은 식당에서 식사를 하기로 했어요. _____

_____

_____

_____

어휘와 표현

◉ 빈칸에 알맞은 말을 쓰세요.

> 참여하다　　　　응원하다　　　　관람하다　　　　감상하다　　　　즐기다　　　　시청하다

1. 오늘 중요한 축구 경기가 있는데 내가 _____ -는 팀이 꼭 이겼으면 좋겠다.

2. 서울 미술관에서 열린 빈센트 반 고흐의 전시회를 많은 사람들이 _____ -았/었다. 이번
   전시회는 가까운 곳에서 해외 유명 작품을 _____ -(으)ㄹ 수 있는 좋은 기회가 되었다.

3. 우리 아버지는 항상 아침을 드시면서 텔레비전 뉴스를 _____ -(으)신다.

4. 올해 우리 학교 축제는 유명한 가수들의 공연과 함께 학생들이 직접 _____ -(으)ㄹ 수
   있는 프로그램도 많이 준비되어 있다고 한다.

5. 이번 연휴에는 다른 곳에 가지 않고 집에서 좋아하는 드라마를 보면서 혼자만의 시간을 _____
   _____ -(으)ㄹ 계획이다.

> 여가　　　　혜택　　　　마음껏　　　　지루하다　　　　활용하다　　　　제공하다

6. 저희 회사는 모든 직원들에게 아침과 점심을 무료로 _____ -ㅂ/습니다.

7. 재미있는 것도 좋지만 다른 사람들에게 도움을 줄 수 있는 일을 하면서 _____ 을/를
   보내는 것도 좋을 것 같다.

8. 오늘은 내가 사는 거니까 _____ 먹어.

9. 학교 근처 식당이나 카페를 이용할 때 학생증이 있으면 할인 _____ 을/를 받을 수 있어요.

10. 가　미안해. 너무 늦었지? 기다리기 _____ -지 않았어?
    나　아니야, 숙제를 하면서 기다리니까 시간이 정말 빨리 가더라고.

V-(으)면 곤란하다
V-기(가) 곤란하다

(1) 전시회를 구경을 하다가 마음에 드는 작품이 있어서 몰래 사진을 찍으려고 휴대폰을 꺼냈는데 어떤 사람이
　　"_____ -아/어요"라고 말했다. 나는 너무 창피해서 얼른 휴대폰을 가방에 넣었다.

(2) 갑자기 급한 일이 생겨서 친구한테 아르바이트를 대신 해 줄 수 있냐고 물어봤는데 친구도 오후에 일이 있어서
　　_____ -다고 했다.

읽기 1

[1-2] 다음을 읽고 질문에 답하세요.

> 여가는 일을 하고 남은 시간 중에서 잠을 자거나 밥을 먹는 등의 필수 시간을 뺀 나머지 자유 시간을 말한다. (㉠) 회사 일, 집안일, 수업 등 반드시 해야 하는 일 이외에 취미, 휴식, 스포츠 활동 등에 자유롭게 이용할 수 있는 시간이다. (㉡) 대부분의 사람들에게 여가는 있으며 그 시간을 어떻게 보내는지는 사람마다 다를 수 있다.

1. ㉠과 ㉡에 들어갈 단어로 알맞은 것을 고르세요. (   )

   ① ㉠ : 또한   ㉡ : 그래서
   ② ㉠ : 또한   ㉡ : 하지만
   ③ ㉠ : 다시 말해   ㉡ : 그런데
   ④ ㉠ : 다시 말해   ㉡ : 그러므로

2. 이 글 바로 다음에 올 내용으로 알맞은 것을 고르세요. (   )

   ① 여가 활동의 장점
   ② 추천하는 여가 활동
   ③ 여가 활동의 중요성
   ④ 다양한 여가 활동의 예

읽기 2

[1-2] 다음을 읽고 질문에 답하세요.

> 지난주에 한국 친구가 야구장에 가자고 해서 처음으로 야구장에 가 봤습니다. (㉠) 제가 야구는 잘 몰라서 걱정을 하니까 한국 친구는 한국의 응원 문화가 특별하기 때문에 야구에 대해 잘 몰라도 재미있을 거라고 했습니다. (㉡) 또 세 시간 이상 경기를 한다고 해서 지루하지 않을까 걱정했는데 친구의 말처럼 시간이 어떻게 지났는지 모를 정도로 재미있었습니다. (㉢) 친구에게 물어보니까 한국에는 '문화가 있는 날'이라는 것이 있는데 그날은 다양한 문화 시설을 할인된 가격으로 즐길 수 있다고 했습니다. (㉣) 저 같은 유학생들은 경제적인 부담 때문에 문화 생활을 마음껏 즐기기가 어려운데 <u>이런 제도</u>를 잘 활용하면 좋겠다는 생각이 들었습니다.

1. 다음 보기 의 문장이 들어가기에 가장 알맞은 것을 고르세요. (   )

   보기   그런데 더 놀란 것은 생각보다 싼 티켓 가격이었습니다.

2. 밑줄 친 '이런 제도'는 어떤 것인지 윗글에서 찾아서 써 보세요.

   (   )

2-3 한 단계 오르기

◎ 다음 문법과 표현을 사용하여 자신의 여가를 소개하는 글을 써 보세요.(300자 이내)

- 여러분의 여가는 언제, 어느 정도입니까? 그 시간을 어떻게 보내고 있습니까?
- 여가를 잘 보내는 것이 왜 중요하다고 생각합니까?

※ 아래 제시된 문법 중에서 3개 이상을 사용하세요.

☐ A/V-아/어도   ☐ V-는 대신(에)   ☐ A-다면, V-ㄴ/는다면
☐ V-기 위해(서)   ☐ A/V-(으)ㄹ 수밖에 없다   ☐ V-기(가) 곤란하다

music

03

소중한 추억

여행을 하면 기분이 좋아질 뿐만 아니라 많은 것을 배울 수 있어요

A/V-(으)ㄹ 뿐(만) 아니라 N뿐(만) 아니라

1 보기 와 같이 대화를 완성하세요.

> 보기 가 파비우 씨는 어떤 사람이에요?
>
> 나 <u>똑똑할 뿐만 아니라</u> 친절한 사람이에요.

(1) 가 유학 생활이 재미있지요?

나 네, _____

(2) 가 집이 학교에서 멀어서 이사하려고 해요?

나 네, 지금 집은 _____

(3) 가 서준 씨가 가장 친한 친구예요?

나 맞아요. 서준 씨는 _____

한국어도 가르쳐 주고 같이 연습도 해 주거든요.

(4) 가 여행을 가기 전에 뭘 준비해야 해요?

나 _____ 호텔도 예약해야 해요.

(5) 가 지난 주말에 뭘 했어요?

나 친구를 만나서 _____

A/V-(으)ㄹ 텐데

2 보기 와 같이 대화를 완성하세요.

출근 시간이라서 길이 막히다 •	• 집에서 쉬다
눈이 와서 길이 미끄럽다 •	• 밥을 또 먹다
주말이라서 사람이 많다 •	• 왜 지금 오다
많이 먹어서 배가 부르다 •	• 평일에 만나다
수업이 아까 끝났다 •	• 어떻게 찾아 왔다
처음 와 봐서 길을 잘 모르다 •	• 지하철을 타고 가다

> 보기 가 출근 시간이라서 길이 <u>막힐 텐데</u> 지하철을 타고 가세요.
>
> 나 네, 지하철을 타고 갈게요.

(1) 가 _____

나 네, 집에서 쉴게요.

(2) 가 _____

나 좋아요. 그럼 우리 평일에 만납시다.

(3) 가 _____

나 오늘은 아무리 먹어도 배가 안 부르네요.

(4) 가 _____

나 미안해요. 오늘은 수업이 조금 늦게 끝났어요.

(5) 가 _____

나 엠마 씨가 설명을 잘해 줘서 쉽게 찾을 수 있었어요.

● 보기 와 같이 배운 문법을 사용해서 글을 완성해 보세요.

1 여러분 나라의 유명한 여행지를 소개해 보세요.

> 보기   한국의 유명한 관광지 중에서 내가 소개하고 싶은 곳은 제주도이다. 제주도는 경치가
> 아름다울 뿐만 아니라 맛있는 음식도 많다. 그중에서도 흑돼지가 아주 유명한데, 제주도의
> 대표적인 음식일 뿐만 아니라 맛도 좋기 때문에 제주도에 갔다면 꼭 먹어 봐야 한다.

우리나라의 유명한 관광지 중에서 내가 소개하고 싶은 곳은 _____

_____

_____

2 보기 처럼 친구의 메시지를 읽고 상황을 추측해 답장을 보내 보세요

> 보기
>
> 내일이 시험 보는 날인 것을 알지만 이사를 해야 해서
> 학교에 못 갈 것 같아요. 선생님께 말해 주세요.

> 첸 씨, 오늘 시험을 안 보면 진급할 수 없을 텐데
> 학교에 오는 게 어때요? 그리고 이사하면
> 힘들 텐데 제가 도와주러 갈까요?

> 카린 씨, 부산에 가는 기차표를 오늘 밤에 사려고
> 해요. 표가 아직 있겠지요? 부산에 도착해서 차를
> 빌리는 대신에 걸어 다니면서 구경하는 게 어때요?

> 빈 씨, 요즘 휴가를 가는 사람이 많으니까 기차표가
> _____
>
> _____

어휘와 표현

○ 빈칸에 알맞은 말을 쓰세요.

편도   왕복   국내 여행   해외여행   짐을 싸다   짐을 풀다

1. 여행을 가기 위해서 _____ -았/었는데 너무 무거워서 다시 _____ -고 필요한 물건만 다시 가방에 넣었다.

2. 부산이나 제주도처럼 한국의 도시로 _____ 을/를 가는 사람도 많지만 일본이나 프랑스처럼 다른 나라로 _____ 을/를 가는 사람들도 많다.

3. 기차표나 비행기표를 예약할 때에는 _____ (으)로 사는 것이 _____ (으)로 사는 것보다 편리하다. 돌아올 때 다시 표를 예매할 필요가 없기 때문이다.

경비   묵다   일정을 짜다   인상적   어쩔 수 없이

4. 여행 _____ 을/를 모으기 위해서 아르바이트를 시작했다.

5. 그 영화에서는 남녀 주인공이 비를 맞으며 춤을 추는 모습이 가장 _____ 이었다/였다.

6. 제주도의 볼거리와 먹을거리를 다 즐기고 싶어서 완벽하게 여행 _____ -았/었다.

7. 방학에 고향에 돌아가고 싶었는데 비행기표가 매진돼서 _____ 한국에 남아 있게 됐다.

8. 멀리 여행을 가는 대신에 가까운 호텔에 _____ -(으)면서 휴가를 즐기는 것을 '호캉스'라고 한다.

V-는 길에
V-는 길이다

오늘은 같은 반 친구들과 부산으로 여행을 가기로 한 날이다. 아침 일찍 준비를 하고 서울역으로 출발했다. 편의점에 들러서 부산에 (1) _____ 에 친구들과 먹을 간식도 샀다. 서울역에 도착해서 친구들에게 연락해 보니까 서울역에 (2) _____ (이)라고 했다. 친구들이 빨리 왔으면 좋겠다.

듣기 1

Track 05

◉ 잘 듣고 빈칸을 채우세요.

홍익 여행사의 '대학생을 위한 유럽 배낭여행'에서는 1._____을/를 대신 예약해 준다. 이 서비스를 이용하려면 여행 2._____을/를 여행사에 알려 줘야 한다. 그러면 여행사에서는 3._____-(으)ㄴ 숙소와 비행기표, 기차표 목록을 메일로 보내 준다. 메일을 받은 후에 원하는 것을 선택하면 된다. 그리고 4._____-(으)면 10% 할인을 해 주고 있으니까 포스터의 할인 쿠폰 번호를 확인하는 것이 좋다.

듣기 2

Track 06

[1-3] 다음 대화를 잘 듣고 질문에 답하세요.

1. 여자에 대한 설명으로 틀린 것을 고르세요. (   )

① 경주로 여행을 갈 계획이다.

② 인증샷 찍는 것을 별로 좋아하지 않는다.

③ 관광지를 구경하는 것보다 쉬는 것을 좋아한다.

④ 한국으로 유학을 오기 전에 한국에 와 본 적이 있다.

2. 대화가 끝난 후 남자가 할 행동으로 알맞은 것을 고르세요. (   )

① 경주 여행 일정을 짠다.

② 경주의 날씨를 찾아본다.

③ 기차표와 숙소를 예약한다.

④ 경주의 유적지에 대해 알아본다.

3. 대화를 들은 뒤에 한 생각으로 가장 알맞은 것을 고르세요. (   )

① 첸: 인증샷을 찍을 때에는 기다려 줘야 해.

② 올가: 유학을 가기 전에 그곳에서 살아봐야 해.

③ 카린: 취향이 비슷한 사람과 여행을 하는 게 좋아.

④ 빈: 해외여행보다 국내 여행을 할 때 싸우기 쉬운 것 같아.

3-2 여기가 제가 어렸을 때 살던 곳이에요

V-던 N A-았/었던 N

1 보기 와 같이 대화를 완성하세요.

> 보기　가　이 사진은 언제 찍었어요?
>
> 　　나　제가 고등학교 때 <u>찍었던</u> 사진이에요.

(1)　가　이 단어의 의미를 잊어버렸어요.

　　나　네? 이거 어제 _____ 단어인데 벌써 잊어버렸어요?

(2)　가　여기가 그 가수가 _____ 집이에요?

　　나　네, 지금은 다른 데로 이사 갔어요.

(3)　가　아르바이트하는 동안 힘든 일이 많았겠어요.

　　나　네, 하지만 _____ 일이 더 많아요.

(4)　가　학교 앞에 자주 가는 식당이 있어요?

　　나　떡볶이가 _____ 식당이 있었는데 지금은 없어졌어요.

(5)　가　아까 _____ 영화 이야기를 계속 해 주세요. 그다음에 어떻게 됐어요?

　　나　궁금해요? 알고 싶으면 영화를 직접 보세요.

2 보기 와 같이 대화를 완성하세요.

> 보기　가　오랜만에 가족들을 만나서 좋았겠네요.
>
> 　　　나　네, 어머니 얼굴을 <u>보자마자</u> 눈물이 나더라고요.

(1)　가　아까 제가 설명했던 문법은 이해했어요?

　　　나　너무 쉬워서 설명을 _____

(2)　가　무슨 일 있어요? 얼굴이 안 좋아 보여요.

　　　나　새 휴대폰을 _____

(3)　가　수업 끝나고 집에 가면 뭐부터 할 거예요?

　　　나　집에 _____

(4)　가　두 사람이 만난 지 얼마 안 됐는데 빨리 친해졌네요.

　　　나　고향도 같고 성격도 잘 맞아서 _____

(5)　가　한국에 와서 제일 먼저 갔던 곳이 어디예요?

　　　나　한국에 _____

○ 보기 와 같이 배운 문법을 사용해서 글을 완성해 보세요.

1 아래 보기 의 단어와 '–(았/었)던'을 사용해서 글의 빈칸에 알맞은 말을 써 보세요.

보기   놀다   내일이다   다니다   보고 싶다   소중하다

얼마 전 회사 일 때문에 한국에 오게 되었다. 오랜만에 한국에 왔으니까 내가 1._____
학교에도 가 보고 싶고, 함께 2._____ 친구들도 만나고 싶었다. 그래서
3._____ 귀국 비행기 표의 날짜를 다음 주로 바꿨다. 한국에서의
4._____ 추억을 생각하며 친구들에게 연락을 했다. 오늘 저녁에는 그동안
5._____ 친구들과 만나기로 했다. 친구들과 소중한 추억도 만들고 사진도
찍으며 좋은 시간을 즐기면 좋겠다.

2 수업 전과 수업 후에 여러분의 하루는 어떻습니까? 보기 를 보고 '수업 후'의 하루를 써 보세요.

보기   나는 수업 전에 보통 아침에 일어나자마자 샤워를 한다. 샤워를 하고 나서 간단하게 아
침을 먹는다. 시간이 별로 없어서 아침을 먹자마자 학교로 출발한다. 학교에 가는 길에
커피숍에서 커피를 산다. 커피를 사자마자 교실로 간다. 교실에 들어가자마자 친구들에
게 인사를 하고 수업을 듣는다.

나는 수업이 끝나자마자 _____

_____

_____

_____

어휘와 표현

● 빈칸에 알맞은 말을 쓰세요.

어린이	청소년	사춘기	소리가 나다
세월이 흐르다	가슴이 아프다	마중을 나오다	

1. _____ –아/어도 어렸을 때 행복했던 기억은 계속 남아 있다.

2. 며칠 전부터 냉장고에서 이상한 _____–는 걸 보니까 고장이 났나 봐요.

3. 자신을 버리고 간 주인을 계속 기다리는 강아지들을 보면 정말 _____–아/어요.

4. 이 영화는 15세 이상이어야 볼 수 있으니까 _____은/는 볼 수 없어요.

5. 내가 아르바이트 때문에 집에 늦게 오는 날에는 아버지가 항상 지하철역까지 _____
   _____–(으)셨다.

6. 요즘 우리 아이가 나랑 말도 잘 안 하고 집에서도 휴대폰으로 친구들과 이야기만 하는 걸 보니
   _____인가 보다.

7. _____ 시기에는 공부도 중요하지만 여러 가지 경험을 해 보고 자기가 무엇을
   좋아하는지에 대해서 많이 생각해야 한다.

오늘의 표현

A/V-기는 하지만

나는 한국 사람과 결혼해서 한국에 살게 되었다. 처음에는 한국말도 잘 못하고 한국 생활에 익숙하지 않아서
스트레스를 많이 받았다. 고향 친구들이 고향이 그립지 않냐고 자주 물어본다. 나도 고향이 _____
사랑하는 남편과 항상 나를 도와주는 한국 친구들이 있어서 이제는 한국에 많이 적응한 것 같다.

읽기 1

[1-2] 다음을 읽고 질문에 답하세요.

인생에서 다시 돌아가고 싶은 때를 물어보면 많은 사람들이 어린 시절이라고 이야기합니다. 보통 그때는 미래에 대한 계획이나 걱정이 별로 없기 때문입니다. 매일 친구들과 재미있게 놀거나 좋아하는 일을 하면서 즐겁게 지냅니다. 하지만 자라면서 미래에 대한 걱정이 생기고 공부 때문에 스트레스를 받기도 합니다. 어른의 말에 쉽게 기분 나빠하고 주위 사람들에게 화를 낼 때도 있습니다. 또 친구와의 관계 때문에 힘들어하기도 하고 좋아하는 사람이 생기기도 합니다. 이렇게 청소년 시기에 몸과 마음이 점점 어른이 되는 기간을 '사춘기'라고 합니다.

1. 많은 사람들이 어린 시절로 다시 돌아가고 싶어하는 이유는 무엇입니까?

   (   )

2. 다음 중 위의 글에서 설명한 '사춘기'의 특징에 맞지 <u>않는</u> 사람은 누구입니까? (   )

   ① 가: 어머니가 청소하라고 했는데 너무 기분이 나빠.
   ② 나: 나중에 커서 무슨 일을 해야 할지 너무 걱정돼.
   ③ 다: 내 친구가 나를 싫어하는 것 같아서 너무 슬퍼.
   ④ 라: 공부할 시간도 부족하니까 아이돌에게는 관심 없어.

읽기 2

[1-2] 다음을 읽고 질문에 답하세요.

나는 여섯 살 생일에 마루를 처음 만났다. 마루가 우리 집에 온 그날부터 우리는 언제나 함께였다. ① 마루는 잠을 잘 때도 내 옆에서 잤고, 내가 사춘기가 되어 마음이 외롭고 답답할 때도 항상 내 옆에 있었다. 마루는 내 ② 가족일 뿐만 아니라 ③ 친구였다.

세월이 흘러 나는 대학생이 되었지만 마루는 늙고 아픈 곳도 많아졌다. 그리고 어느 날 조용히 ㉠ 무지개 다리를 건넜다. 나는 너무 슬퍼서 한동안 밥도 잘 못 먹고 잠도 잘 못 잤다. 마루가 쓰던 물건을 볼 때마다 너무 가슴이 아파서 앞으로 다시는 강아지를 키우지 않겠다고 생각했다. 슬퍼하는 나에게 친구는 이런 이야기를 해 줬다. "강아지는 죽으면 강아지 별에서 주인이 올 때까지 기다린대. 그리고 ④ 주인이 죽으면 기다리던 강아지가 마중을 나온대. 그러니까 나중에 꼭 다시 만날 수 있을 거야."

1. '㉠ 무지개 다리를 건넜다'의 의미를 위의 글에서 찾아 쓰세요.

   (   )

2. 다음 중 가리키는 대상이 다른 하나는 무엇입니까? (   )

   ① 마루
   ② 가족
   ③ 친구
   ④ 주인

3-3 한 단계 오르기

다음 문법과 표현을 사용하여 학창 시절에 대해 써 보세요.(300자 이내)

- 학창 시절을 생각해 보면 가장 기억에 남는 사람은 누구입니까?
  (그 사람은 어떤 사람입니까? 어떻게 친해졌습니까?)
- 그 사람과 어떤 일을 함께 했습니까? (언제, 어디에서, 어떤 일이 있었습니까?)

※ 아래 제시된 문법 중에서 3개 이상을 사용하세요.

- [ ] V–(았/었)던 N
- [ ] A/V–아/어도
- [ ] A/V–(으)ㄹ 뿐(만) 아니라
- [ ] V–자마자
- [ ] V–기 위해(서)
- [ ] N 등

47

CHAPTER

04

성격과 감정

N답다, N스럽다

1 보기 와 같이 대화를 완성하세요.

> 학생 자랑 전문가 너 유네스코 세계문화유산 부담

> 보기 가 어떤 옷이 어울릴까요?
>
> 나 학생은 <u>학생답게</u> 입는 게 제일 좋은 것 같아요.

(1) 가 어떡하지? 중요한 약속을 잊어버렸네.

   나 요즘 무슨 일이 있니? _____ 실수를 자주 하는 것 같아.

(2) 가 축하해요. 부모님도 기뻐하시죠?

   나 네, 의사 시험에 합격했다고 하니까 정말 _____

(3) 가 내일 같은 반 친구의 생일인데 뭘 선물하면 좋을까요?

   나 학생이니까 너무 _____ 선물이 좋겠어요.

(4) 가 화성은 잘 구경했어요?

   나 네, _____ 볼거리가 아주 많더라고요.

(5) 가 엠마 씨가 인터넷을 보고 한국 음식을 만들어 줬는데 정말 맛있더라고요.

   나 역시 엠마 씨는 _____

V-지 그래(요)?, V-지 그랬어(요)?

2 보기 와 같이 대화를 완성하세요.

> 보기 가 아침부터 머리가 아프네요.
>
> 　　　나 참지 말고 약을 <u>먹지 그래요?</u>

(1) 가 주말인데 집에만 있으니까 너무 심심해.

　　　나 그럼 _____

(2) 가 어제 홍대 앞에 갔는데 어디에 예쁜 카페가 많은지 몰라서 그냥 왔어요.

　　　나 제가 홍대 근처에 살아서 잘 아는데 _____

(3) 가 아까 듣기 시험을 볼 때 소리가 잘 안 들렸어요.

　　　나 그래요? 그러면 선생님한테 _____

(4) 가 이번 방학에 가까운 곳으로 여행을 가고 싶은데 어디가 좋을까요?

　　　나 _____. 남이섬도 유명하고 닭갈비도 맛있거든요.

(5) 가 약속 시간에 좀 늦었는데 친구가 화를 내고 가 버려서 당황스럽네요.

　　　나 그러니까 _____

○ 보기 와 같이 배운 문법을 사용해서 글을 완성해 보세요.

1 가족 중에 특별한 직업을 가진 사람이 있습니까? 보기 와 같이 글을 써 보세요.

보기

우리 아버지는 군인이시다. 그래서 밖에서뿐만 아니라 집에서도 <u>군인답게</u> 행동하실 때가 많다. 일어나는 시간, 식사하는 시간 등을 모두 정확하게 지키시고 집에서도 군인들에게 사용하는 말을 <u>자연스럽게</u> 사용하신다. 그런 말을 들으면 <u>당황스러울</u> 때도 있었지만 이제는 많이 익숙해졌다.

우리 ＿＿＿＿＿＿＿＿＿은/는 ＿＿＿＿＿＿＿＿이다. ＿＿＿＿＿＿

＿＿＿＿＿＿＿＿＿＿＿＿＿＿＿＿＿＿＿＿＿＿＿＿＿＿＿＿＿＿＿＿

＿＿＿＿＿＿＿＿＿＿＿＿＿＿＿＿＿＿＿＿＿＿＿＿＿＿＿＿＿＿＿＿

＿＿＿＿＿＿＿＿＿＿＿＿＿＿＿＿＿＿＿＿＿＿＿＿＿＿＿＿＿＿＿＿

2 친구에게 사과의 메시지를 받았습니다. 보기 와 같이 글을 써 보세요.

보기

엠마 씨, 많이 기다렸을 텐데 연락이 늦어서 미안해요.
어제 친구하고 치맥을 먹었는데 배탈이 난 것 같아요. 조금 늦어도 가려고 했지만 너무 아파서 못 나갈 것 같아요. 오늘 약속을 못 지킨 대신에 다음에 다른 영화를 볼 때 제가 표를 살게요.

첸 씨, 많이 아파요? 첸 씨는 약속에 늦은 적이 없었는데 연락도 없이 안 와서 너무 걱정하고 있었어요. 많이 아프면 빨리 병원에 <u>가지 그랬어요</u>. 우리는 괜찮으니까 미안해하지 말고 빨리 병원에 가세요. 영화는 다음에 다시 보면 돼요.

엠마 씨, 오늘 제가 말도 없이 먼저 와 버려서 미안해요. 엠마 씨가 만든 음식도 모두 맛있고 파티도 즐거웠는데 감기 때문에 머리가 너무 아파서 힘들었거든요. 오늘 파티에 끝까지 참석하지 못한 대신에 제가 밥을 살게요. 늦었지만 생일 축하해요.

＿＿＿＿＿＿＿＿＿＿＿＿＿＿＿＿＿＿＿＿＿＿＿＿＿＿＿＿＿＿＿＿

＿＿＿＿＿＿＿＿＿＿＿＿＿＿＿＿＿＿＿＿＿＿＿＿＿＿＿＿＿＿＿＿

어휘와 표현

◉ 빈칸에 알맞은 말을 쓰세요.

게으르다	급하다	꼼꼼하다	느긋하다	부지런하다

1. 내 동생은 _____-다. 그래서 아무리 늦게 자도 나보다 일찍 일어나고 공부뿐만 아니라 운동도 열심히 한다고 어머니가 좋아하셨다. 하지만 나는 _____-아/어서 평소에 지각도 자주 하고 숙제도 잘 하지 않았기 때문에 항상 뭐라고 하셨다.

2. 한국 사람들은 성격이 _____-(으)ㄴ 편이어서 기다리는 것을 싫어하고 '빨리 빨리'라는 말도 많이 사용한다.

3. 가 벌써 도착했을 텐데 왜 연락이 안 오지? 혹시 무슨 일이 생긴 거 아닐까?
   나 도착하자마자 연락한다고 했어. 너무 걱정하지 말고 _____-게 기다려 봐.

4. 가 일은 다 끝냈어요? 중요한 거니까 실수가 있으면 안 돼요.
   나 네, _____-게 확인했으니까 문제없을 거예요.

적극적	이성적	감성적	외향적	내성적

5. "저는 반 친구들과 친하게 지내고 싶은데 부끄러워서 먼저 말을 못 걸겠어요." _____인 성격

6. "학교에서 노래 대회를 한대요. 반에서 한 명씩 참가할 수 있는데 잘할 수 있을 것 같아서 나가고 싶다고 말했어요." _____인 성격

7. "저는 드라마나 영화를 보면서 잘 울어요. 슬픈 노래를 들어도 눈물이 나더라고요" _____인 성격

8. "제 동생은 저랑 성격이 달라서 다른 사람과 문제가 생겨도 쉽게 화를 내지 않고 무슨 문제 때문인지 먼저 알아보려고 해요" _____인 성격

9. "제 친구는 활발하고 사람들과 만나는 것도 좋아해서 아는 사람이 많아요." _____인 성격

오늘의 표현

하도 A/V-아/어서

내 친구는 성격도 외향적이고 사람들 만나서 이야기하는 것을 좋아해서 친구도 많고 약속도 많다. 약속이 (1) _____ 주말에 집에 있을 때가 없고 친구들을 만나면 (2) _____ 입과 목이 아프다고 할 정도이다. 내 친구는 진짜 '핵인싸'다.

듣기 1

Track 07

◉ 잘 듣고 빈칸을 채우세요.

파티마는 첸이 피곤해 보여서 1. _____ –(으)ㄴ 것 같다고 생각했다. 하지만 첸이 피곤해 보이는 이유는 서준이의 친구들이 집에서 파티를 한 후에 서준이가 청소를 했지만 2. _____ –아/어서 첸이 다시 청소를 했기 때문이다. 서준이는 장점이 많이 있지만 3. _____ –(으)ㄴ 편이다. 첸은 서준이가 잘 4. _____ –는 성격이라서 이것에 대해 말하기가 5. _____ –다고 한다.

듣기 2

Track 08

[1-3] 다음 대화를 잘 듣고 질문에 답하세요.

1. 다음 중 들은 내용과 같은 것을 고르세요. (   )

① MBTI는 예전에 유행했던 검사이다.

② MBTI 검사는 모두 16가지 질문을 한다.

③ 혈액형으로는 사람의 성향을 알 수 없다.

④ 별자리는 사람의 미래를 알아보기 위해 물어본다.

2. 요즘 사람들이 MBTI에 관심이 많은 이유는 무엇입니까?

(   )

3. 대화를 듣고 잘 이해한 사람은 누구입니까? (   )

① 엠마: 첸은 나하고 별자리가 같으니까 나랑 비슷할 거야.

② 빈: 처음 만났을 때 혈액형을 물어보는 건 잘못된 행동이야.

③ 올가: 친구를 많이 사귀고 싶으면 MBTI 검사를 꼭 해 봐야겠네.

④ 파티마: MBTI만 듣고 어떤 사람인지 다 안다고 생각하면 안 돼.

4-2 친구가 기분 나빠할까 봐 마음에 드는 척했어요

A/V-(으)ㄹ까 봐(서)

1 보기 와 같이 대화를 완성하세요.

> 보기 가 복습을 열심히 하네요.
>
> 나 수료하지 <u>못할까 봐</u> 열심히 해요.

(1) 가 술을 전혀 안 마셔요?

　　　나 네, 술을 마시고 ＿＿＿＿＿＿＿＿＿＿＿＿＿＿＿＿＿＿＿ 안 마셔요.

(2) 가 선물 고마워요! 필요해서 사려고 했던 물건이에요.

　　　나 다행이에요. ＿＿＿＿＿＿＿＿＿＿＿＿＿＿＿＿＿＿ 걱정했거든요.

(3) 가 왜 야식을 안 먹어요?

　　　나 ＿＿＿＿＿＿＿＿＿＿＿＿＿＿＿＿＿＿＿＿＿＿＿ 안 먹어요.

(4) 가 머리를 짧게 자르고 싶으면 자르지 그래요?

　　　나 ＿＿＿＿＿＿＿＿＿＿＿＿＿＿＿＿＿＿ 걱정이 돼서 아직 고민 중이에요.

(5) 가 왜 매일 부모님께 연락해요?

　　　나 ＿＿＿＿＿＿＿＿＿＿＿＿＿＿＿＿＿＿＿＿＿＿＿

2 보기 와 같이 대화를 완성하세요.

> 보기 가 무슨 사진을 보는데 그렇게 웃어요?
>
> 나 예전에 친구들과 찍은 사진인데요, <u>예쁜 척하고</u> 찍은 사진이라서 재미있어요.

(1) 가 카린 씨도 그 가수를 좋아해요?

　　나 아니요, 요즘 다들 그 가수 이야기만 해서 _____

(2) 가 왜 그 사람을 싫어해요?

　　나 _____ 싫어해요.

(3) 가 마크 씨가 병원에 가야 해서 학교에 안 왔대요.

　　나 거짓말 아니에요? 학교에 오기 싫어서 _____

(4) 가 저 사람은 모르는 게 없대.

　　나 아니야, 그건 그냥 다 _____

　　　　지난번에 이야기해 봤는데 전혀 그렇지 않았어.

(5) 가 제가 아까 인사했는데 _____?

　　나 미안해요, 정말 못 봤어요.

◎ 보기 와 같이 배운 문법을 사용해서 글을 완성해 보세요.

1 걱정했던 일이 있습니까? 그 걱정 때문에 무엇을 했습니까? 보기 와 같이 써 보세요.

아르바이트를 할 때마다 한국어를 잘 이해하지 <u>못할까 봐</u> 걱정이 된다. 또 일할 때 <u>실수할까 봐</u> 신경을 쓰게 돼서 피곤하다. 몸이 힘들어지니까 공부할 시간도 점점 줄어드는 것 같다. 공부와 아르바이트를 둘 다 제대로 <u>못 할까 봐</u> 걱정이다.

_____

_____

_____

2 사실이 아닌데 사실인 것처럼 행동했던 적이 있습니까? 보기 와 같이 써 보세요.

나는 집에서 혼자 쉬는 시간을 중요하게 생각한다. 그래서 가끔은 친구들이 주말에 놀러 가자고 하면 다른 일이 <u>있는 척하고</u> 집에서 쉰다. 친구들을 좋아하고 친구들을 만나는 것도 좋다. 하지만 집에서 쉬는 날 없이 계속 외출을 하면 피곤해져서 친구들을 만나도 <u>즐거운 척하게</u> 될 때가 많다.

_____

_____

_____

_____

어휘와 표현

● 빈칸에 알맞은 말을 쓰세요.

서운하다	지겹다	답답하다	우울하다
설레다	다행이다	기다려지다	짜증이 나다

1. 가 아파서 병원에 갔는데 일주일 정도 약만 먹으면 괜찮을 거래요.

   나 걱정했는데 정말 _____ –네요.

2. 가 요즘 안 좋은 일이 좀 많았거든. 친한 친구한테 속상한 일이 많다고 이야기했는데 친구가 바쁘니까 나중에 이야기하자고 하더라.

   나 저런… _____ –았/었겠네.

3. 가 오늘 무슨 좋은 일 있어?

   나 엄마가 보낸 고향 간식이 오늘 온대. 엄마가 보내 주는 택배는 항상 _____ –는 것 같아.

4. 가 한국어를 열심히 공부하는데 아직도 한국 사람의 말을 잘 이해하지 못해서 _____ –아/어요.

   나 아직 3급밖에 안 돼서 그래요. 너무 급하게 생각하지 마세요.

5. 가 내일은 1급 때 친구들과 같이 한강에 가기로 했어요. 오랜만에 밖에서 친구들을 만나는 거라서 벌써부터 _____ –아/어요.

   나 좋겠네요. 친구들과 즐거운 시간 보내세요.

6. 가 고향에서 키우던 강아지가 아프대.

   나 그거 참 _____ –(으)ㄴ 소식이네. 너무 속상하겠다.

7. 가 왜 요즘은 학생 식당에 안 가?

   나 매일 먹으니까 좀 _____ –더라고.

8. 가 요즘은 날씨가 너무 더워서 _____ –아/어.

   나 나도 그래. 비가 자주 와서 더 그런 것 같아.

오늘의 표현

V-아/어지다

오늘은 안 좋은 일이 정말 많았다. 먼저 약속 시간에 늦어서 친구가 짜증을 냈다. 사과하는 뜻으로 내가 친구에게 커피를 샀는데 잘못해서 컵을 깼다. (1) _____ –(으)ㄴ 컵 때문에 손을 다쳤다. 집에 돌아와서 공부를 하려고 컴퓨터를 켰는데 컴퓨터 화면이 (2) _____ –지 않았다. 하루 종일 안 좋은 일이 많았는데 컴퓨터도 고장 나서 우울했다.

읽기 1

[1-2] 다음을 읽고 질문에 답하세요.

대학교 신입생들은 낯선 환경에 (㉠) 스트레스가 많을 수밖에 없다. 하지만 문제 없는 척하는 학생들이 대부분이다. 학생들에게 그 이유를 물어보면 '부모님이 걱정하실까 봐', '친구들은 괜찮아 보여서'라고 말한다. 그러나 부정적인 감정 상태가 계속되면 우울증에 걸리거나 잘못된 선택을 하는 경우도 있다. 이러한 이유 때문에 전문가들은 이 시기에 학생들이 받는 스트레스를 가볍게 생각해서는 안 된다고 한다. 대학에는 학생들의 마음 건강과 학교 생활 적응을 돕기 위해 다양한 프로그램이 준비되어 있다.

1. ㉠에 들어갈 표현으로 알맞은 것을 고르세요. (   )

① 적응하자마자

② 적응할 때까지

③ 적응할까 봐서

④ 적응할 뿐만 아니라

2. 이 글 뒤에 이어질 내용으로 알맞은 것을 고르세요. (   )

① 대학 생활의 중요성

② 학교 생활에 적응하는 방법

③ 신입생들이 스트레스를 받는 이유

④ 신입생을 위한 심리 상담 프로그램의 예

읽기 2

[1-2] 다음을 읽고 질문에 답하세요.

> 나는 서울에서 혼자 살고 있는 유학생이다. 성격이 외향적이라서 친구가 많은데 요즘은 집에만 돌아오면 갑자기 세상에 혼자가 된 것 같다. 큰일은 아니라고 생각했지만 오늘 수업에서 고민에 대해 이야기를 해야 해서 친구들에게 말했다.
>
> "요즘 집에 있는 게 조금 힘들어. 고향에서는 안 그랬는데."
>
> "외로워서 ㉠ 그런 것 같네."
>
> 친구들이 걱정도 해 주고 조언도 해 줬다. 친구들의 마음이 고마웠지만 이런 이야기를 하고 집에 오니까 더 ㉡ 우울해졌다. 친구들과 대화하면서 괜찮다고 생각했던 것이 그렇지 않다는 것을 알게 되었기 때문이다. 남은 유학 생활을 잘할 수 있을지 걱정이다.

1. 밑줄 친 '㉠ 그런 것 같네'는 어떤 뜻인지 윗글에서 찾아서 써 보세요.

   (   )

2. 밑줄 친 '㉡ 우울해졌다'의 이유로 알맞은 것을 고르세요. (   )

   ① 혼자 사는 유학생이라서

   ② 친구들이 따뜻하게 말해 줘서

   ③ 외향적인 성격이 내성적으로 바뀌어서

   ④ 자신의 상태가 좋지 않다고 생각하게 돼서

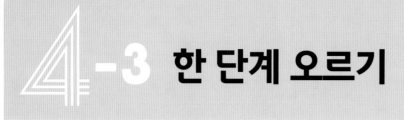

4-3 한 단계 오르기

실전 쓰기

○ 다음 문법과 표현을 사용하여 내가 아는 사람의 성격에 대해 써 보세요.(300자 이내)

- 내가 아는 사람의 성격은 어떻습니까?
- 그 사람의 성격은 내 성격과 비슷합니까?

※ 아래 제시된 문법 중에서 3개 이상을 사용하세요.

- ☐ A-(으)ㄴ 척하다, V-는 척하다
- ☐ V-는 대신(에)
- ☐ A/V-(으)ㄹ까 봐(서)
- ☐ N은/는 A/V-(ㄴ/는)다는 뜻이다
- ☐ A-다면, V-ㄴ/는다면
- ☐ N답다, N스럽다

											20
											40
											60
											80
											100

music

CHAPTER

05

대인 관계

5-1 아르바이트를 하느라고 모임에 못 갔어요

V-느라(고)

1 보기 와 같이 대화를 완성하세요.

> 보기 가 쉬는 시간에 왜 화장실에 못 갔어요?
>
> 나 문법을 이해 못 해서 선생님께 <u>질문하느라고</u> 화장실에 못 갔어요.

(1) 가 왜 이렇게 늦었어요?

　　나 오다가 외국인이 길을 물어봐서 _____

(2) 가 요즘 박 선생님은 어떻게 지내세요?

　　나 결혼식이 한 달밖에 안 남아서 _____

(3) 가 얼마 전에 아르바이트비를 받았는데 벌써 돈을 다 썼어요?

　　나 세일 기간이라서 _____

(4) 가 주말에 반 친구들이랑 놀이공원에 갈 건데 같이 갈래요?

　　나 저도 정말 가고 싶은데 _____

(5) 가 너 왜 이렇게 늦었어? 전화도 계속 안 받아서 얼마나 걱정했는데….

　　나 죄송해요. 친구 생일이라서 클럽에 갔는데 _____

V-(으)ㄹ 걸 그랬다

2 보기 와 같이 대화를 완성하세요.

> 보기 가 오늘도 지각이네요. 어제 또 늦게 잤지요?
>
> 나 네, 일찍 잘 걸 그랬어요.
>   네, 늦게 자지 말 걸 그랬어요.

(1) 가 아이스크림을 많이 먹어서 배탈이 난 것 같네요.

나 네, _____

네, _____

(2) 가 인터넷에서 산 옷이 마음에 안 들어요?

나 네, _____

네, _____

(3) 가 그 영화가 재미없었어요?

나 네, _____

네, _____

(4) 가 마크 씨가 부탁을 거절했어요?

나 네, _____

네, _____

(5) 가 길이 막혀서 기차를 놓쳤어요?

나 네, _____

네, _____

● [보기]와 같이 배운 문법을 사용해서 글을 완성해 보세요.

1 별로 친하지 않은 친구가 한국에 여행을 온다고 이메일을 보냈습니다. 부탁을 거절하는 이메일을 써 보세요.

> ✉ New message   − ↗ ✕
>
> 　○○야, 안녕? 오랜만이야. 아까 너한테 전화했는데 안 받아서 이메일을 보내. 다른 친구에게
> 네가 지금 한국에 살고 있다고 들었어. 내가 다음 주에 가족들이랑 한국으로 여행갈 건데 나는
> 한국말을 전혀 못 하니까 네가 한국 안내를 해 주면 좋겠어. 맛집도 많이 알려 주고 쇼핑할 수 있는
> 곳도 알려 줘! 도착하는 날 공항에도 와 줄 수 있지? 부탁할게!
>
> ───
> **SEND**　A ☺ ↓ 📎 🖼 🔗 ☆ 🗑　　　　　　　　⋮

　△△야, 안녕? 정말 오랜만이네. 아까 아르바이트 <u>하느라고</u> 전화를 못 받았어. 가족들과 한국에 여행

온다고? 정말 좋겠다. 그런데 _____

_____

_____

2 여러분은 과거에 어떤 일을 하지 못하고 후회했던 적이 있습니까? 아니면 어떤 일을 한 후에 후회했던
적이 있습니까? 과거에 후회했던 경험에 대해서 써 보세요.

> [보기]　　나는 과거에 같은 반의 친한 친구를 좋아한 적이 있는데 내가 좋아한다고 먼저 고백해서
> 사귀게 되었다. 하지만 내가 주말에 아르바이트를 <u>하느라고</u> 너무 바빠서 여자 친구와 자주
> 싸웠고 결국 헤어졌다. 지금은 그 친구와 인사도 하지 않는다. 아무리 바빠도 여자 친구에게
> 자주 <u>연락할 걸 그랬다</u>. 아르바이트를 <u>하지 말 걸 그랬다</u>. 아니 그냥 처음부터 고백을
> <u>하지 말 걸 그랬다</u>.

_____

_____

_____

_____

어휘와 표현

◎ 빈칸에 알맞은 말을 쓰세요.

| 부탁을 하다 | 부탁을 받다 | 부탁을 거절하다 | 부탁을 들어주다 |

다른 사람에게 1. _____ -(으)ㄹ 때에는 예의 바르게 이야기해야 한다. 그리고
들어주기 곤란한 2. _____ -았/었다면 그 부탁을 거절해야 한다. 왜냐하면 다른
사람의 3. _____ -느라고 자신이 해야 할 일을 하지 못하면 안 되기 때문이다.
4. _____ -(으)ㄹ 때에는 그 이유와 함께 정확하게 안 된다고 말해야 한다.

| 착하다 | 솔직하다 | 어색하다 | 부담스럽다 | 기분이 상하다 |

5. 선배님이 자꾸 소개팅을 부탁해서 _____ -다.

6. 내 동생은 너무 마음이 _____ -아/어서 친구들의 부탁을 잘 거절하지 못한다.

7. 예전 남자 친구와 같은 엘리베이터를 탔는데 너무 _____ -아/어서 빨리 내리고
싶었다.

8. 나는 힘들게 부탁했는데 친구가 생각해 보지도 않고 바로 거절해서 _____ -았/었다.

9. 하고 싶은 말이 있으면 말을 돌리지 말고 _____ -게 이야기하는 것이 좋다.

오늘의 표현

A/V-(으)ㄹ 테니(까)

여러분, 곧 중간시험이 시작됩니다. 지금부터 제가 시험에 대해서 (1) _____ 잘 들으세요. 시
험 첫날에는 작문 시험과 말하기 시험이 있고, 다음날에는 쓰기, 읽기, 듣기 시험이 있습니다. 쓰기 시험이 좀
(2) _____ 열심히 공부하세요.

듣기 1

○ 잘 듣고 빈칸을 채우세요.

Track 09

엠마	첸 씨! 어제 우리집에 왜 안 왔어요? 친구들이랑 1. _____.
첸	어, 엠마 씨! 미안해요. 어제 친구 숙제를 2. _____ 엠마 씨 집에 못 갔어요.
엠마	다음에는 꼭 놀러 오세요. 아, 맞다. 첸 씨, 강아지 키우죠?
첸	네, 왜요?
엠마	잘됐다! 제가 내일 갑자기 친구랑 3. _____. 제 고양이 좀 부탁할게요.
첸	네? 고양이를요? 어… 하지만….
엠마	괜찮아요, 괜찮아. 우리 고양이는 정말 4. _____. 제가 맛있는 거 5. _____ 주말 동안 좀 돌봐주세요. 이따가 제가 고양이 6. _____ 준비하고 있어요! 이따 봐요!
첸	아… 어떡하지? 나 고양이 무서워하는데….

듣기 2

Track 10

[1-3] 다음 대화를 잘 듣고 질문에 답하세요.

1. 사람들이 거절을 하지 못하는 이유가 <u>아닌</u> 것을 고르세요. (   )

   ① 인간 관계가 나빠질까 봐   ② 상대방의 기분이 상할까 봐

   ③ 다른 사람에게 피해를 줄까 봐   ④ 부탁한 사람과의 관계가 어색해질까 봐

2. 여자가 말한 거절하는 방법이 <u>아닌</u> 것을 고르세요. (   )

   ① 정확하고 솔직하게 안 된다고 말한다.   ② 긍정적인 말은 거절할 때 도움이 된다.

   ③ 거절하면서 다른 대안을 이야기해 본다.   ④ 상대방의 기분이 상하지 않게 돌려서 말한다.

3. 다음 친구의 말에 거절을 가장 잘한 사람을 고르세요. (   )

   나랑 같이 치킨 먹으러 갈래?

   ① 첸: 치킨 말고 피자 먹자.

   ② 카린: 나 다이어트 중인데….

   ③ 마크: 미안, 나도 치킨 좋아하는데 어제 먹었어.

   ④ 엠마: 나도 먹고 싶은데 오늘은 시간이 안 되네. 내일은 어때?

5-2 제가 약속에 늦었더니 친구가 화를 냈어요

V-았/었더니

1 보기 와 같이 대화를 완성하세요.

> 보기
> 가 카린 씨, 파티마 씨 못 봤어요? 할 말이 있는데 안 보이네요.
> 나 아까 도서관에 <u>갔더니</u> 거기 있던데요. 도서관에 한번 가 보세요.

(1) 가 서울은 오랜만이지요? 어때요?

　　나 _____ 너무 달라져서 깜짝 놀랐어요.

(2) 가 첸 씨, 듣기 파일을 열심히 듣네요.

　　나 네, 듣기 파일을 들으면서 _____ 발음이 좋아지더라고요.

(3) 가 건강이 좋아졌다고 들었는데 비결이 뭐예요?

　　나 _____ 건강이 좋아졌어요.

(4) 가 예전에는 매운 음식을 잘 못 먹었던 것 같은데 지금은 잘 먹네요.

　　나 _____ 많이 익숙해졌어요.

(5) 가 친구들에게 고향에 돌아간다고 이야기했어요?

　　나 네, _____

　　　친구들이 우니까 저도 눈물이 나더라고요.

V-게

2 보기 와 같이 대화를 완성하세요.

> 보기 가 <u>합격할 수 있게</u> 열심히 공부하세요.
>
> 나 네, 열심히 공부해서 꼭 합격할게요.

(1) 가 드시고 가실 거예요?

　　나 아니요, _____ 포장해 주세요.

(2) 가 이번 학기가 끝나면 고향에 돌아가지요? _____ 여행도 많이

　　하고 친구들도 많이 만나세요.

　　나 맞아요. 어렵게 온 유학이니까 남은 유학 생활을 후회 없이 보낼 거예요.

(3) 가 중간시험을 잘 못 볼까 봐 걱정이에요.

　　나 그럼 _____ 열심히 공부하세요.

(4) 가 자꾸 약속을 잊어버리는데 어떻게 하면 좋을까요?

　　　나 그럼 _____

　　　저도 메모하니까 실수를 안 하게 되더라고요.

(5) 가 _____

　　　오래된 카메라라서 고치기 어렵거든요.

　　나 네, 조심해서 사용할 테니까 걱정하지 마세요.

● 보기 와 같이 배운 문법을 사용해서 글을 완성해 보세요.

① 오늘은 어떤 하루였습니까? 오늘 있었던 일을 보기 와 같이 써 보세요.

> 보기   오늘은 기분 좋은 하루였다. 아침에 교실에 <u>갔더니</u> 문이 잠겨 있었다. 선생님께 문이 잠겨 있다고 <u>연락했더니</u> 금방 선생님이 오셨다. 선생님께 어제 공부하면서 어려웠던 부분을 질문했다. 선생님의 설명을 <u>들었더니</u> 이해가 돼서 기뻤다.

_____

_____

_____

② 꿈을 이루려면 많은 노력이 필요합니다. 어떻게 하면 꿈을 이룰 수 있을지 보기 와 같이 조언해 보세요.

> 보기   • 꿈이 아이돌인 청소년에게
>   아이돌이 되려면 많은 노력이 필요해요. 노래를 잘 불러야 할 뿐만 아니라 춤도 잘 춰야 하거든요. 그러니까 노래 실력과 춤 실력을 <u>키울 수 있게</u> 매일 노래와 춤을 연습하세요. 그리고 많은 사람들 앞에서 공연을 할 때 <u>긴장하지 않게</u> 역 앞이나 공원에서 길거리 공연을 해 보세요.

• 한국어를 잘하고 싶은 친구에게

_____

_____

_____

_____

어휘와 표현

⊙ 빈칸에 알맞은 말을 쓰세요.

잘못하다	화해하다	화를 내다	사과하다	화가 풀리다

얼마 전에 룸메이트와 크게 다퉜다. 내가 시험을 준비하느라 바빠서 집안일을 하지 않았기 때문이다. 친구가 화를 내자마자 사과를 했는데 친구가 내 사과를 받아 주지 않았다. 그동안 시험을 볼 때마다 집안일을 잘 하지 않아서 더 화가 난 것 같았다. 친구가 계속 1. _____ –아/어서 나도 기분이 나빴지만 내가 2. _____ –(으)니(까) 친구에게 계속 3. _____ –(으)ㄹ 수밖에 없었다. 그리고 미안한 마음을 행동으로 보여 줘야 할 것 같아서 집안일도 열심히 했다. 달라진 내 모습을 보고 친구의 4. _____ –았/었다. 친구와 5. _____ –(으)ㄹ 수 있어서 정말 다행이었다.

다투다	진심	인정하다	약속을 어기다	사이가 멀어지다

6. 자신의 잘못에 대해 _____ –고 사과하는 것은 쉬운 일이 아니다.

7. 어렸을 때에는 이런저런 문제로 동생과 자주 _____ –았/었지만 지금은 사이가 좋다.

8. 헤어지자고 한 말은 내 _____ 이/가 아니었어. 너무 화가 나서 실수한 거니까 헤어지지 말자.

9. 유학을 가면 열심히 공부하기로 부모님과 약속했는데 _____ –고 매일 놀고 있어서 마음이 불편하다.

10. 유학을 온 후에 자주 연락하지 않았더니 고향에 있는 친구들과 _____ –(으)ㄴ 것 같아서 속상하다.

오늘의 표현

V–아/어다(가)

유미 씨, 요즘 너무 바빠서 얼굴 보기도 힘드네요. 오늘 오후에 유미 씨에게 택배가 와서 제가 대신 (1) _____ –았/었어요. 한번 확인해 보세요. 그리고 유미 씨가 좋아하는 딸기를 사 왔어요. 배고프면 냉장고에 있으니까 (2) _____ –(으)세요. 오늘도 고생 많았어요.

읽기 1

[1-2] 다음을 읽고 질문에 답하세요.

    룸메이트와 함께 살면 생활비를 절약할 수 있어서 좋다고 말하는 사람도 있다. (㉠) 룸메이트 때문에 스트레스를 받아서 이사를 결심했다고 말하는 사람도 있다. 생활비를 절약할 수 있는 것은 좋지만 다른 사람과 함께 사는 것은 쉬운 일이 아니기 때문이다. 약속을 어기거나 집안일을 미루는 룸메이트 때문에 불만이 쌓일 때도 있고, 내가 사다가 놓은 물건을 말도 없이 사용해서 스트레스를 받을 때도 있다. 이렇게 스트레스와 불만이 많아지면 결국 함께 살기 어려워진다. (㉡) 어떻게 하면 룸메이트와 사이 좋게 지낼 수 있을까?

1. 빈칸에 들어갈 단어로 알맞은 것을 고르세요. (   )

   ① ㉠: 오히려 ㉡: 그럼

   ② ㉠: 하지만 ㉡: 분명히

   ③ ㉠: 반대로 ㉡: 그렇다면

   ④ ㉠: 한동안 ㉡: 어쩔 수 없이

2. **룸메이트와 살면서 주의해야 할 것으로 알맞지 <u>않은</u> 것을 고르세요. (   )**

   ① 룸메이트에게 집안일을 미루지 않는다.

   ② 함께 정한 것은 지키기 위해 노력한다.

   ③ 룸메이트의 생활 습관을 이해하려고 노력한다.

   ④ 말도 없이 룸메이트의 물건을 사용하지 않는다.

읽기 2

[1-2] 다음을 읽고 질문에 답하세요.

> 이렇게 나와 가까운 사람들과 싸우는 이유는 다양합니다. 하지만 싸우거나 다툰 후에 사과를 하고 화해하는 방법은 크게 다르지 않습니다. 인터넷을 보면 변명을 하거나 화가 풀릴 때까지 기다리는 것이 좋은 사과 방법이라고 말하는 사람도 있습니다. 하지만 이런 방법들은 오히려 상황을 더 나쁘게 만들 수 있습니다. 쉽고 빠르게 화해하는 방법은 없습니다. 진심으로 사과하는 것이 가장 중요합니다. 화해를 하고 싶다면 자신의 잘못을 인정하고 앞으로 달라질 모습을 약속해야 합니다.

1. 이 글의 앞에는 어떤 내용이 있었을 것 같습니까?

   (   )

2. 이 글을 읽고 한 생각으로 가장 알맞은 것을 고르세요. (   )

   ① 첸: 사과하기 좋은 방법은 없는 것 같아.

   ② 파티마: 잘못을 인정하고 진심으로 사과하는 게 중요해.

   ③ 엠마: 사과 방법을 모를 때에는 인터넷을 찾아보면 되겠네.

   ④ 빈: 지금은 화를 내도 시간이 지나면 이성적으로 생각할 거야.

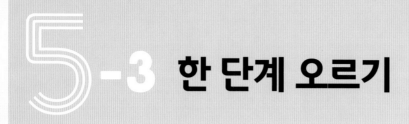

5-3 한 단계 오르기

실전 쓰기

○ 다음 문법과 표현을 사용하여 다른 사람과 싸웠던 경험에 대해 써 보세요.(300자 이내)

- 가족이나 친구와 싸운 경험이 있습니까? (누구와 왜 싸웠습니까? 그 후에 어떻게 되었습니까?)
- 싸우고 나서 어떤 생각(후회나 가정)을 했습니까?

※ 아래 제시된 문법 중에서 3개 이상을 사용하세요.

☐ V-느라(고)　　　☐ V-았/었더니　　　☐ V-(으)ㄹ 걸 그랬다
☐ V-게　　　　　　☐ A/V-(았/었)다면 어땠을까?　☐ 예를 들어(서)

											20
											40
											60
											80
											100

(빈 원고지)

20 / 40 / 60 / 80 / 100 / 120 / 140 / 160 / 180 / 200 / 220 / 240 / 260 / 280 / 300

music

CHAPTER

06

음식

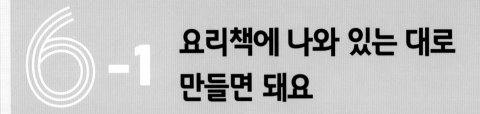

6-1 요리책에 나와 있는 대로 만들면 돼요

V-는 대로   N대로

1 보기 와 같이 대화를 완성하세요.

> 보기   가 불고기는 맛있게 만들었어요?
>
> 나 네, 요리책에서 <u>본 대로</u> 만들었더니 맛있더라고요.

(1)   가 오늘 말하기 시험이 있는데 실수할까 봐 걱정이에요.

    나 그동안 연습을 많이 했잖아요. _____

(2)   가 아까 전화로 주문한 피자를 찾으러 왔는데요.

    나 네, _____ 치즈는 많이 넣고 양파는 뺐습니다.

(3)   가 담배를 끊었다고 들었는데 진짜예요?

    나 네, 올해 초에 부모님과 약속했거든요. _____

(4)   가 엠마 씨가 여기는 일 년 내내 손님이 많다고 했는데 정말이네요.

    나 맞아요. _____

(5)   가 저기요, 얼마나 더 기다려야 될까요?

    나 죄송합니다. 밖에서 조금만 기다려 주시면 _____

A-다면서(요)? V-ㄴ/는다면서(요)?

2 보기 와 같이 대화를 완성하세요.

> 보기 가 엠마 씨가 <u>요리사였다면서요</u>?
>
> 나 네, 호텔에서 일했다고 해요.

(1) 가 _____? 지금은 괜찮아요?

　　나 네, 약을 먹고 쉬었더니 많이 나아졌어요.

(2) 가 _____

　　나 네, 그래서 100점을 받은 학생이 한 명도 없대요.

(3) 가 _____

　　나 아니, 나는 주말에 친구 만나기로 했는데.

(4) 가 첸이 강아지를 키운대.

　　나 응, 알아. _____

(5) 가 민아가 이번 방학에 배낭여행을 간대.

　　나 응, 나도 들었어. _____

● 보기 와 같이 배운 문법을 사용해서 글을 완성해 보세요.

1 한국 생활에 대해 잘 몰랐을 때 무엇이 불편했습니까? 그것을 어떻게 해결했습니까? 보기 와 같이 써 보세요.

>
> 보기
>
> 처음 한국에 왔을 때 한국어도 잘 못하고 친구도 없었기 때문에 힘든 점이 많았다. 그래서 처음에는 사람들이 <u>가는 대로</u> 따라 다녔고 지도 앱(App)이 <u>알려 주는 대로</u>만 다녀야 해서 힘들었다.

처음 한국에 왔을 때 한국어도 잘 못하고 아는 사람도 없었기 때문에 힘든 점이 많았다. 식당에서

주문할 때는 _____

_____

_____

2 다른 사람에게 친구에 대한 이야기를 들었습니다. 확인하는 메시지를 보기 와 같이 써 보세요.

> 보기
>
> 어제 미국에서 엠마 씨 동생이 왔대요. 그래서 엠마 씨는 아마 오늘 학교에 못 올 것 같아요. 참, 내일이 엠마 씨 생일이래요. 내일 같이 점심을 먹으면 좋겠는데 엠마 씨가 시간이 있을지 모르겠네요.
>
> 엠마 씨, 미국에서 <u>동생이 왔다면서요?</u> 아침에 엠마 씨가 학교에 안 와서 걱정을 했는데 파비우 씨가 이야기해 줬어요. 그리고 내일이 엠마 씨 <u>생일이라면서요?</u> 파비우 씨가 시간이 있으면 같이 점심을 먹고 싶대요.

파티마 씨가 이번 시험을 아주 잘 봐서 장학금을 받을 거래요. 파티마 씨는 다음 학기에 계속 학교에 다닐지 고민 중이라고 했는데 장학금을 받으면 계속 같이 공부할 수 있겠죠?

파티마 씨, _____

_____

_____

어휘와 표현

○ 빈칸에 알맞은 말을 쓰세요.

썰다	섞다	삶다	찌다	볶다
다지다	튀기다	부치다	굽다	

1. '깍두기'는 무를 _____ -아/어서 만드는 김치의 한 종류다.

2. 한국 사람들이 좋아하는 '믹스 커피'는 물을 알맞게 붓고 잘 _____ _____ -아/어야 한다.

3. '삼겹살'을 김치와 같이 _____ -(으)면 맛있다.

4. '보쌈'은 _____ -(으)ㄴ 돼지고기를 썰어서 김치와 함께 먹는다.

5. '닭강정'과 '양념치킨'은 모두 _____ -(으)ㄴ 닭과 양념을 섞어 만든 음식이지만 맛이 다르다.

6. 한국 사람들은 비가 오는 날 '해물파전'을 _____ -아/어서 먹는 것을 좋아한다.

7. '김치만두'는 김치와 두부, 채소 등을 _____ -아/어서 속에 넣고 만든 후에 _____ -아/어서 먹는다.

8. '제육볶음'은 양념한 고기를 팬에 _____ -아/어서 만든다.

오늘의 표현

V-기만 하다
V-기만 하면 되다

　한국 사람들에게 '소울 푸드'라고 할 수 있는 김치찌개는 사람마다 만드는 법이 다양하지만 간단하다. 먼저 김치를 먹기 좋게 썰어다가 냄비에 넣고 돼지고기와 함께 볶는다. 돼지고기 대신 다른 재료를 넣어도 된다. 잘 볶은 다음에 물을 붓고 _____.

듣기 1

◉ 잘 듣고 빈칸을 채우세요.

> 카린   볶음밥은 어떻게 먹으면 되나요?
>
> 직원   찜닭을 먼저 드시고 남은 1. _____ 밥이랑 김을 넣고 잘
>
>   2. _____, 불을 켜고 잠시 3. _____.
>
> 엠마   우리도 오늘은 한국 사람들이 4. _____ 먹어 봅시다.
>
>   저희도 볶음밥 5. _____.

듣기 2

[1-3] 다음 대화를 잘 듣고 질문에 답하세요.

1. 이 대화를 듣고 <u>잘못</u> 이해한 사람은 누구입니까? (   )

   ① 엠마: 미역국은 건강에 정말 좋은 음식이네.

   ② 첸: 미역국은 한국에서 특별한 의미가 있는 음식이야.

   ③ 마크: 나도 중요한 시험이 있을 때 미역국을 꼭 먹어야겠어.

   ④ 파비우: 이제부터 미역국을 먹을 때마다 엄마 생각이 날 것 같아.

2. 다음 중 밑줄 친 '미역국 먹다'의 의미를 <u>다르게</u> 말한 사람은 누구입니까? (   )

   ① 카린: 오늘 생일인데 <u>미역국 먹었어</u>?

   ② 빈: 지난 번 면접에서 <u>미역국 먹었어</u>.

   ③ 올가: <u>미역국 먹지 않게</u> 열심히 준비했어.

   ④ 파티마: 이번에도 <u>미역국 먹을까 봐</u> 걱정이야.

3. 다음 중 들은 내용과 <u>다른</u> 것을 고르세요. (   )

   ① 남자는 친구에게 특별한 선물을 하고 싶어 한다.

   ② 여자는 남자에게 미역국 끓이는 법을 가르쳐 줬다.

   ③ 여자의 어머니는 여자에게 한 달 동안 미역국을 끓여 줬다.

   ④ 남자는 토픽 시험에 떨어질까 봐 미역국을 먹지 않으려고 한다.

6-2 한국에서 살다 보니까 익숙해지더라고요

V-다(가) 보니(까)

1 보기 와 같이 대화를 완성하세요.

> 보기 가 한국어 발음이 많이 좋아졌네요.
>
> 나 네, 매일 <u>연습하다 보니까</u> 좋아졌어요.

(1) 가 한국어 실력이 많이 좋아졌네요. 열심히 공부했나 봐요.

나 네, _____

(2) 가 한국에 처음 왔을 때와 달라진 점이 있어요?

나 _____. 전에는 커피를 못 마셨거든요.

(3) 가 그렇게 매워요? 얼굴까지 빨개졌어요.

나 처음에는 안 매웠는데 _____

(4) 가 왜 두 정거장이나 더 가서 내렸어요?

나 버스에서 _____ 내릴 곳을 지나쳤더라고요.

(5) 가 요즘에는 학생 식당에 잘 안 가는 것 같네요.

나 네, _____ 지겹더라고요.

N(이)라도

2 보기 와 같이 대화를 완성하세요.

> 보기 가 점심을 먹고 나니까 조금 졸리네요.
>
> 나 그럼 우리 <u>커피라도</u> 마실까요?
>
> 가 항상 가던 빵집이 오늘 문을 닫았네요.
>
> 나 그럼 <u>다른 가게에서라도</u> 빵을 삽시다.

(1) 가 배가 고픈데 밥을 먹으러 갈 시간이 없어요.

　　나 그럼 _____

(2) 가 친구에게 사과하고 싶은데 전화를 안 받아요.

　　나 그럼 _____

　　　메시지는 확인할 거예요.

(3) 가 모임에 같이 갈 사람이 없어요. 혼자 가도 될까요?

　　나 그럼요. _____

　　　혼자 오는 사람도 얼마나 많은데요.

(4) 가 도서관이 문을 닫았는데 어디에서 공부할까요?

　　나 _____. 요즘은 카페도 조용하더라고요.

(5) 가 연필이 없는데 어떡하죠?

　　나 그럼 _____ 메모하세요.

◎ 보기 와 같이 배운 문법을 사용해서 글을 완성해 보세요.

① 한국 생활을 하면서 달라진 점이 있습니까? 보기 와 같이 써 보세요.

보기

한국에 온 지 벌써 6개월이 지났다. 처음 한국에 왔을 때에는 선생님의 말도 이해하지 못했다. 하지만 수업을 열심히 <u>듣다가 보니까</u> 알아듣게 되었다.

한국에 온 지 벌써 _____

_____

_____

_____

② 처음 세웠던 목표를 바꿔 본 적이 있습니까? 보기 와 같이 써 보세요.

보기

나는 좋아하는 아이돌을 만나기 위해서 한국에 왔다. 한국에 오면 쉽게 아이돌을 볼 수 있을 줄 알았는데 직접 만나는 것은 쉬운 일이 아니었다. 지금은 <u>멀리에서라도</u> 볼 수 있으면 좋겠다.

_____

_____

_____

_____

어휘와 표현

◉ 빈칸에 알맞은 말을 쓰세요.

비벼 먹다	싸 먹다	말아 먹다	부어 먹다	찍어 먹다

1. 비빔밥은 _____-는 음식 중에서 가장 대표적인 음식이다.

2. 고기를 _____-(으)ㄹ 때 넣는 양념을 쌈장이라고 부르는데 고추장과 된장을 섞어서 만든다.

3. 국에 밥을 _____-(으)ㄹ 때 국물을 모두 먹으면 소금을 너무 많이 먹게 돼서 몸에 좋지 않다고 한다.

4. 탕수육은 소스를 _____-는 음식이지만, 요즘에는 하나씩 소스에 _____-는 사람들도 많다.

영양분	섭취하다	골고루	즐기다	질리다	어우러지다

5. 여러 가지 색깔의 꽃이 잘 _____-도록 꽃다발을 만들었다.

6. 남산 타워는 서울의 야경을 _____-기에 좋아서 한국인 뿐만 아니라 외국인도 자주 찾는다.

7. 룸메이트가 떡볶이를 하도 좋아해서 며칠 동안 계속 먹었더니 _____-아/어서 냄새도 맡고 싶지 않다.

8. 어렸을 때는 고기만 먹고 채소는 먹지 않아서 부모님께 혼이 많이 났는데, 지금은 고기와 채소를 _____ 먹게 되었다.

9. 한 가지 음식만 먹는 '다이어트'를 하면 한 가지 _____만 _____-게 되기 때문에 건강이 나빠지기 쉽다.

오늘의 표현

무슨/어떤/어느 N(이)든지

카린 씨, 제가 바쁜 동안 도와줘서 정말 고마워요. 제가 밥을 살게요. 주말만 아니면 (1) _____ 시간이 있어요. 얼마 전에 월급을 받아서 비싼 식당에 가도 되니까 (2) _____ 말만 하세요. 참, 지난번에 도서관을 이용하고 싶다고 했지요? 우리 학교 도서관은 우리 학교 학생이면 (3) _____ 이용할 수 있어요. 만나서 이용 방법을 알려 줄게요. 그럼 연락 주세요.

읽기 1

[1-2] 다음을 읽고 질문에 답하세요.

최근 한국 여행을 마치고 고향에 돌아가는 외국인 관광객들에게 '다시 먹고 싶은 한식'이 무엇인지 물어봤습니다. (㉠) 대부분의 외국인 관광객들은 '삼겹살'이라고 대답했습니다. (㉡) 식탁에서 삼겹살을 구워 먹는 것이 신기했을 뿐만 아니라 채소를 많이 먹을 수 있고 입맛에 맞게 양념을 골라 먹을 수 있어서 좋았다고 말했습니다. (㉢) 삼겹살은 그냥 먹어도 맛있지만 대부분의 한국 사람들은 다양한 채소, 양념과 함께 쌈을 싸서 먹습니다. (㉣) 이렇게 먹으면 영양분을 골고루 섭취할 수 있고 다양한 맛을 즐길 수 있기 때문입니다.

1. 외국인들이 삼겹살을 좋아하는 이유로 대답하지 <u>않은</u> 것은 무엇입니까? (   )

① 아무리 먹어도 질리지 않아서

② 영양분을 골고루 섭취할 수 있어서

③ 식탁에서 고기를 굽는 것이 신기해서

④ 입맛에 맞게 양념을 선택해 먹을 수 있어서

2. 보기 의 문장이 들어갈 곳으로 가장 알맞은 것은 무엇입니까? (   )

보기   그렇다면 한국 사람들은 왜 쌈을 싸서 먹는 것을 좋아할까요?

읽기 2

[1-2] 다음을 읽고 질문에 답하세요.

치킨은 닭을 기름에 튀겨 만든 음식으로 이름에서 알 수 있는 것처럼 서양의 음식이다. 그래서 한국 사람들은 치킨을 외국 음식이라고 생각하지만 반대로 외국 사람들은 한국 음식이라고 생각한다고 한다. 왜냐하면 치킨에 다양한 양념으로 만든 소스를 부어 완전히 새로운 맛을 만들어 냈기 때문이다. 한국식 치킨이라고도 부르는 양념치킨은 1981년에 처음 만들어졌는데 고추장과 마늘, 설탕으로 만든 소스를 사용해 맵고 단맛을 냈다. 양념치킨이 크게 성공하면서 다양한 양념이나 여러 재료를 사용해 만든 치킨이 나타나기 시작했다. 간장 등을 넣은 소스를 치킨 위에 붓고 그 위에 파를 올린 파닭, 마늘 등을 넣은 소스를 치킨 위에 부은 마늘 치킨, 비빔밥에 들어가는 재료와 양념을 치킨 위에 올린 비빔 치킨 등을 그 예로 들 수 있다. 이렇게 원래의 음식에 다양한 양념이나 재료를 추가해 만든 ⊙ 음식은 한국의 음식에서 쉽게 찾아볼 수 있다.

1. 위의 내용과 같은 것은 무엇입니까? (   )

   ① 치킨은 서양에서 온 음식이다.

   ② 누구나 치킨은 한식이 아니라고 생각한다.

   ③ 양념치킨을 만든 시기와 방법은 알려지지 않았다.

   ④ 추가하는 양념이나 재료가 달라져도 치킨의 맛은 맵고 달다.

2. 밑줄 친 '⊙ 음식'으로 맞지 않는 것을 고르세요. (   )

   ① 떡볶이에 라면을 넣은 라볶이

   ② 삶은 고기를 채소에 싸 먹는 보쌈

   ③ 고구마를 피자 위에 올린 고구마 피자

   ④ 크림 파스타에 고추장을 넣은 고추장 파스타

6-3 한 단계 오르기

○ 다음 문법과 표현을 사용하여 다른 사람과 싸웠던 경험에 대해 써 보세요.(300자 이내)

- 고향을 대표하는 음식은 무엇입니까? (이름, 음식의 맛 등 음식의 특징)
- 그 음식은 무엇으로, 어떻게 만듭니까? (만드는 순서를 간단하게 소개하세요)

※ 아래 제시된 문법 중에서 3개 이상을 사용하세요.

- ☐ V-았/었더니
- ☐ A/V-(으)ㄹ 뿐(만) 아니라
- ☐ V-게
- ☐ V-아/어다(가)
- ☐ 우선 / 그다음에 / 마지막으로
- ☐ A-다면, V-ㄴ/는다면

													20
													40
													60
													80
													100
													120
													140
													160
													180
													200
													220
													240
													260
													280
													300

부록

CHAPTER 1

서울

1-1 서울에는 구경할 곳이 정말 많대요

A-대(요) V-ㄴ/는대(요)

1. (1) 음식이 정말 맛있대요. 한 그릇 더 달래요.
   (2) 주말에 약속 있냬요. 같이 영화보러 가재요.
   (3) 늦어서 정말 미안하대. 화내지 말래.
   (4) 이 색깔은 다 팔렸대요. 다른 색은 어떠냬요.
   (5) 잠시 후 열차가 서울역에 도착할 거래요. 내리실 문은 오른쪽이래요.

A/V-아/어도

2. (1) 아무리 봐도 모르겠어요.
   (2) 아무리 자도 계속 피곤해.
   (3) 아무리 바빠도 부모님께 자주 연락해야 해요.
   (4) 아무리 운전을 잘해도 조심해야 해요.
   (5) 한국 사람이어도 한국어 문법이 어려워요.

어휘와 표현

1. 한강에서는
2. 대교가
3. 강남은
4. 강북은
5. 수도는
6. 인구가
7. 대도시에서
8. 도심에는
9. 중심지입니다

오늘의 표현
● 얼마나 많은데요

듣기 1

1. 걸으면서
2. 구경하는
3. 즐길 수 있고

듣기2

1. ③
2. ①
3. ③

1-2 사람이 많은 걸 보니까 유명한가 봐요

A-(으)ㄴ 걸 보니(까) A-(으)ㄴ가 보다
V-는 걸 보니(까) A-(으)ㄴ가 보다

1. (1) 부자인가 봐요. / 돈이 많은가 봐요.
   (2) 지난 학기에 열심히 공부했나 봐요.
   (3) 첸 씨가 홍대 근처를 잘 아는 걸 보니까 홍대 근처에 사나 봐요.
   (4) 사람들이 모여 있는 걸 보니까 무슨 일이 있나 봐요. / 사고가 났나 봐요.
   (5) 엠마 씨가 전화를 받지 않는 걸 보니까 잠을 자나 봐요.

A-(으)ㄴ 대신(에) V-는 대신(에)

2. (1) 비싼 대신에
   (2) 전화를 거는 대신에
   (3) 고기를 넣는 대신에
   (4) 늦게까지 일한 대신에
   (5) 카메라 대신에 휴대폰을 써 보세요.

어휘와 표현

1. 먹을거리가
2. 수도권의
3. 볼거리가
4. 당일치기로
5. 즐길 거리가
6. 알려져
7. 이동하기에
8. 완벽하게
9. 들면
10. 떨어져 있어서

● (1) 푸는 데에
　(2) 찍을 데도

읽기 1

1. ④
2. ③

읽기 2

1. ②
2. ④

1-3 한 단계 오르기

	나	는		브	라	질		사	람	이	고	,		이	름	은		파	비	우

나는 브라질 사람이고, 이름은 파비우 20
이다. 3년 전에 K-Pop에 관심이 생 40
겨서 혼자 한국어를 공부하기 시작했다. 60
한국에서 지내면서 한국 문화도 배우고 80
싶어서 지난달 10일에 한국에 왔다. 1 100
년 동안 맛있는 음식도 많이 먹고 유 120
명한 데에도 많이 가고 싶다. 140
　월요일에 새로 만난 반 친구들에게 160
학교 근처의 '맛집'과 당일치기로 여 180
행하기 좋은 데를 물어봤는데 모두 친 200
절하게 이야기해 줬다. 매주 주말마다 220
친구들이 이야기해 준 식당과 관광지에 240
가 봐야겠다. 이렇게 하면 조금 피곤하 260
겠지만 한국 생활을 잘 즐길 수 있을 280
것 같다. 이번 학기가 정말 기대된다. 300

93

CHAPTER 2

유학 생활

2-1 지금처럼 계속 노력한다면 좋은 결과가 있을 거예요

A-다면 V-ㄴ/는다면

1. (1) 용돈이 부족하다면
   (2) K-POP 댄스를 배워 보고 싶다면
   (3) 만약에 나라면 / 정말 가고 싶은 콘서트라면
   (4) 건강이 안 좋아졌다면 / 건강 때문에 걱정이라면
   (5) 만약 UFO가 있다면 타 보고 싶네요.

V-기 위해(서) N을/를 위해(서)

2. (1) 한국어 실력을 키우기 위해서
   (2) 건강을 지키기 위해서
   (3) 한국에 있는 대학에 가기 위해서
   (4) 친구의 결혼식에 가기 위해서 고향에 가요.
   (5) 방학에 여행을 가기 위해서 아르바이트를 해요.

어휘와 표현

1. 전문가에게
2. 자격증을 따는
3. 시험을 접수하려고
4. 실기 시험은
5. 시험 일정을
6. 시험을 볼
7. 관심 분야가
8. 시험 문제를 풀어

오늘의 표현

- (1) 어떻게 써야 할지 모르겠다
  (2) 어떻게 사귀어야 할지 모르겠다

듣기 1

1. 어떻게 해야 할지 몰라서 걱정입니까
2. 시험장을
3. 원하는 곳을
4. 일정을
5. 시험을 접수하는

듣기2

1. ④
2. ③
3. ①

2-2 야구 경기를 관람했는데 정말 재미있더라고요

A/V-더라고(요)

1. (1) 길이 막혀서 오래 걸리더라고요.
   (2) 잠을 자기가 힘들더라고요.
   (3) 벌써 끝났더라고요.
   (4) 어제였더라고요. / 어제더라고요.
   (5) 감기가 심해서 못 온다고 하더라고요.

A/V-(으)ㄹ 수밖에 없다

2. (1) 갈 수밖에 없어.
   (2) 엠마 씨를 기다릴 수밖에 없어요.
   (3) 안 먹고 싶을 수밖에 없죠.
   (4) 잘할 수밖에 없죠.
   (5) 살 수밖에 없어요.

어휘와 표현

1. 응원하는
2. 관람했다, 감상할
3. 시청하신다
4. 참여할
5. 즐길
6. 제공합니다

7. 여가를
8. 마음껏
9. 혜택을
10. 지루하지

● (1) 여기에서 사진을 찍으면 곤란해요
  (2) 대신 해 주기가 곤란하다고

읽기 1

1. ④
2. ④

읽기 2

1. ⓒ
2. 문화가 있는 날에 다양한 문화 시설을 할인된 가격으로 즐길 수 있는 것

CHAPTER

3

소중한 추억

3-1 여행을 하면 기분이 좋아질 뿐만 아니라 많은 것을 배울 수 있어요

A/V-(으)ㄹ 뿐(만) 아니라 N뿐(만) 아니라

1. (1) 재미있을 뿐만 아니라 즐거워요.
  (2) 학교에서 멀 뿐만 아니라 월세도 비싸거든요. /
    시설도 안 좋거든요.
  (3) 가장 친한 친구일 뿐만 아니라 제 한국어 선생님이에요.
  (4) 비행기표뿐만 아니라
  (5) 영화를 봤을 뿐만 아니라 쇼핑도 했어요.

A/V-(으)ㄹ 텐데

2. (1) 눈이 와서 길이 미끄러울 텐데 집에서 쉬세요.
  (2) 주말이라서 사람이 많을 텐데 평일에 만납시다. /
    만날까요?
  (3) 많이 먹어서 배가 부를 텐데 밥을 또 먹네요. /
    또 먹어요?
  (4) 수업이 아까 끝났을 텐데 왜 지금 와요?
  (5) 처음 와 봐서 길을 잘 모를 텐데 어떻게 찾아왔어요?

어휘와 표현

1. 짐을 쌌는데, 짐을 풀고
2. 국내 여행을, 해외여행을
3. 왕복으로, 편도로
4. 경비를
5. 인상적이었다
6. 일정을 짰다
7. 어쩔 수 없이
8. 묵으면서

● (1) 가는 길에
  (2) 오는 길이라고 했다

듣기 1

1. 숙소와 비행기표, 기차표를
2. 일정과 인원을
3. 예약(이) 가능한
4. 2명 이상 예약하면

듣기2

1. ③
2. ④
3. ③

3-2 여기가 제가 어렸을 때 살던 곳이에요

V-던 N A-았/었던 N

1. (1) 배웠던/외웠던
   (2) 살던/살았던
   (3) 즐거웠던/재미있었던
   (4) 맛있었던
   (5) 하던/말하던

V-자마자

2. (1) 듣자마자 이해했어요.
   (2) 사자마자 잃어버렸어요.
   (3) 가자마자 밥부터 먹을 거예요.
   (4) 만나자마자 친해졌어요.
   (5) 오자마자 명동에 제일 먼저 갔어요.

어휘와 표현

1. 세월이 흘러도
2. 소리가 나는 걸 보니까
3. 가슴이 아파요
4. 어린이는
5. 마중을 나오셨다
6. 사춘기인가 보다
7. 청소년

오늘의 표현
● 그립기는 하지만

읽기 1

1. 그때는 미래에 대한 계획이나 걱정이 별로 없기 때문에
2. ④

읽기 2

1. 강아지가 죽었다
2. ④

CHAPTER 4

성격과 감정

4-1 그건 너답지 않아

N답다/N스럽다

1. (1) 너답지 않게
   (2) 자랑스러워하셨어요.
   (3) 부담스럽지 않은
   (4) 유네스코 세계문화유산답게
   (5) 전문가답게 못 만드는 요리가 없네요. / 전문가답네요.

V-지 그래요? V-지 그랬어요?

2. (1) 친구를 만나지 그래?
   (2) 저한테 전화해서 물어보지 그랬어요?
   (3) 잘 안 들린다고 말하지 그랬어요?
   (4) 춘천에 가 보지 그래요?
   (5) 좀 일찍 출발하지 그랬어요? / 약속 시간에 늦지 말지 그랬어요?

어휘와 표현

1. 부지런하다, 게을러서
2. 급한
3. 느긋하게
4. 꼼꼼하게
5. 내성적인
6. 적극적인
7. 감성적인
8. 이성적인
9. 외향적인

오늘의 표현
● (1) 하도 많아서
   (2) 하도 말을 많이 해서

듣기 1

1. 어제 잠을 잘 못 잔
2. 깨끗하게 하지 않아서
3. 좀 게으른
4. 삐지는
5. 조심스럽다고

듣기2

1. ③
2. '나'를 더 잘 알고 싶어서
3. ④

4-2 친구가 기분 나빠할까 봐 마음에 드는 척했어요

A/V-(으)ㄹ까 봐(서)

1. (1) 실수할까 봐
   (2) 마음에 들지 않을까 봐 / 필요 없는 물건일까 봐
   (3) 건강이 나빠질까 봐 / 살이 찔까 봐
   (4) 짧은 머리가 안 어울릴까 봐
   (5) 부모님께서 걱정하실까 봐 매일 연락해요.

A/V-(으)ㄴ/는 척하다

2. (1) 저도 좋아하는 척했어요.
   (2) 돈 많은 척해서
   (3) 아픈 척하는 것 같아요.
   (4) 아는 척하는 거야.
   (5) 왜 못 본 척했어요? / 왜 모르는 척했어요?

어휘와 표현

1. 다행이네요
2. 서운했겠네
3. 기다려지는 것 같아
4. 답답해요
5. 설레요
6. 우울한
7. 지겹더라고

8. 짜증이 나

오늘의 표현
● (1) 깨진
  (2) 켜지지

읽기 1

1. ②
2. ④

읽기 2

1. 집에 있으면 혼자가 된 것 같아서 힘들다
2. ④

CHAPTER **5**

대인 관계

5-1 아르바이트를 하느라고 모임에 못 갔어요

V-느라(고)

1. (1) 가르쳐 주느라고 늦었어요.
   (2) 준비하느라고 바빠요 / 정신이 없어요.
   (3) 쇼핑하느라고 돈을 다 썼어요.
   (4) 아르바이트 하느라고 시간이 없어요.
   (5) 노느라고 전화를 못 받았어요.

V-(으)ㄹ 걸 그랬다

2. (1) 조금만 먹을 걸 그랬어요. / 많이 먹지 말 걸 그랬어요.
   (2) 직접 보고 살 걸 그랬어요. / 인터넷에서 사지 말 걸 그랬어요.
   (3) 다른 영화를 볼 걸 그랬어요. / 그 영화를 보지 말 걸 그랬어요.

(4) 다른 친구에게 부탁할 걸 그랬어요. / 마크 씨에게 부탁하지 말 걸 그랬어요.

(5) 지하철을 탈 걸 그랬어요. / 택시를 타지 말 걸 그랬어요.

어휘와 표현

1. 부탁을 할
2. 부탁을 받았다면
3. 부탁을 들어주느라고
4. 부탁을 거절할
5. 부담스럽다
6. 착해서
7. 어색해서
8. 기분이 상했다
9. 솔직하게

● (1) 설명할 테니까
  (2) 어려울 테니까

듣기 1

1. 얼마나 재미있었는데요
2. 도와주느라고
3. 여행 가게 됐거든요
4. 순하거든요
5. 사 줄 테니까
6. 데리고 갈 테니까

듣기2

1. ③
2. ④
3. ④

5-2 제가 약속에 늦었더니 친구가 화를 냈어요

V-았/었더니

1. (1) 오랜만에 왔더니

(2) 연습했더니 / 따라했더니
(3) 매일 운동을 했더니 / 매일 사과를 먹었더니
(4) 자주 먹었더니
(5) 제가 고향에 돌아간다고 했더니 친구들이 울었어요.

V-게

2. (1) 가지고 갈 수 있게
  (2) 후회하지 않게
  (3) 시험을 잘 볼 수 있게
  (4) 약속을 잊어버리지 않게 메모하세요.
  (5) 고장 나지 않게 조심하세요. / 조심히 사용하세요.

어휘와 표현

1. 화를 내서
2. 잘못했으니까
3. 사과할 수밖에 없었다
4. 화가 풀렸다
5. 화해할 수 있어서
6. 인정하고
7. 다퉜지만
8. 진심이
9. 약속을 어기고
10. 사이가 멀어진

● (1) 받아다가 놓았어요
  (2) 꺼내다가 드세요 / 씻어다가 드세요

읽기 1

1. ③
2. ③

읽기 2

1. 가까운 사람들과 싸우는 이유
2. ②

CHAPTER 6

음식

6-1 요리책에 나와 있는 대로 만들면 돼요

V-는 대로 N대로

1. (1) 연습한 대로 하면 되니까 너무 걱정하지 마세요.
   (2) 주문하신 대로
   (3) 약속한 대로 담배를 끊었어요.
   (4) 엠마 씨 말대로 손님이 많네요.
   (5) 순서대로 안내해 드리겠습니다.

A-다면서(요)? V-ㄴ/는다면서(요)?

2. (1) 감기에 걸렸다면서요?
   (2) 이번 시험이 그렇게 어려웠다면서요?
   (3) 주말에 아르바이트를 한다면서?
   (4) 강아지가 진짜 귀엽다면서?
   (5) 유럽으로 간다면서?

어휘와 표현

1. 썰어서
2. 섞어야
3. 구우면
4. 삶은
5. 튀긴
6. 부쳐서
7. 다져서, 쪄서
8. 볶아서

오늘의 표현
● 끓이기만 하면 된다

듣기 1

1. 양념에
2. 섞은 다음

3. 기다리시기만 하면 돼요
4. 먹는 대로
5. 추가해 주세요

듣기2

1. ③
2. ①
3. ③

6-2 한국에서 살다 보니까 익숙해지더라고요

V-다(가) 보니(까)

1. (1) 열심히 공부하다 보니까 실력이 늘었어요. /
   실력이 좋아졌어요.
   (2) 커피를 마시다 보니까 잘 마시게 됐어요.
   (3) 먹다 보니까 매워졌어요. / 매워요.
   (4) 졸다 보니 / 휴대폰을 보다 보니
   (5) 자주 가다 보니까 / 매일 먹다 보니

N(이)라도

2. (1) 빵이라도 / 우유라도 드세요.
   (2) 메시지라도 보내 보세요.
   (3) 혼자라도 / 혼자서라도 오세요.
   (4) 카페에서라도 공부할까요? / 공부합시다. / 공부
   하세요.
   (5) 볼펜으로라도

어휘와 표현

1. 비벼 먹는
2. 싸 먹을
3. 말아 먹을
4. 부어 먹는, 찍어 먹는
5. 어우러지도록
6. 즐기기에
7. 질려서
8. 골고루
9. 영양분만, 섭취하게

- (1) 무슨 요일이든지 / 언제든지
  (2) 어느 식당이든지 / 어디든지
  (3) 어떤 학생이든지 / 누구든지

읽기 1

1. ①
2. ㄹ

읽기 2

1. ①
2. ②

MEMO

Hi! KOREAN 3A

Workbook

지은이 김수미, 신현주, 이현숙, 진혜경
펴낸이 정규도
펴낸곳 (주)다락원

초판 1쇄 인쇄 2023년 11월 10일
초판 1쇄 발행 2023년 11월 17일

책임편집 이숙희, 한지희
디자인 김나경, 안성민, 김희정
일러스트 윤병철
번역 Jamie Lypka
이미지 출처 shutterstock, iclickart

다락원 경기도 파주시 문발로 211, 10881
내용 문의 : (02)736-2031 내선 420~426
구입 문의 : (02)736-2031 내선 250~252
Fax : (02)732-2037
출판등록 1977년 9월 16일 제406-2008-000007호

ISBN 978-89-277-3323-2 14710
      978-89-277-3313-3(set)

http://www.darakwon.co.kr
다락원 홈페이지를 방문하시면 상세한 출판 정보와 함께
MP3 자료 등 다양한 어학 정보를 얻으실 수 있습니다.

MEMO